‏C Que hoc volumine
continêtur.
Liber de intellectu.
Liber de sensu.
Liber de nichilo.
Ars oppositorum.
Liber de generatione.
Liber de sapiente.
Liber de duodecim numeris
Epistole complures.

C Insup mathematicũopus quadripartitũ C De Nu meris Perfectis C De
Mathematicis Rosis C De Geometricis Corporibus
C De Geometricis Supplementis

LE LIVRE DU SAGE

DU MÊME AUTEUR
À LA MÊME LIBRAIRIE

Le livre du Néant, édition et traduction P. Magnard, précédé d'un essai
L'étoile matutine, Paris, Vrin, 1983.

L'Art des Opposés, édition et traduction P. Magnard, précédé d'un
essai *Soleil Noir*, Paris, Vrin, 1984.

BIBLIOTHÈQUE DES TEXTES PHILOSOPHIQUES

Fondateur H. GOUHIER   Directeur J.-F. COURTINE

CHARLES DE BOVELLES

LE LIVRE DU SAGE

Introduction, nouvelle traduction et notes
par
Pierre MAGNARD

PARIS

LIBRAIRIE PHILOSOPHIQUE J. VRIN

6, Place de la Sorbonne, V ͤ

2010

© *Librairie Philosophique J. VRIN*, 2010

Imprimé en France

ISSN 0249-7972
ISBN 978-2-7116-2252-8

www.vrin.fr

QUAND LA PURE PUISSANCE DE LA PENSÉE N'A PAS BESOIN DE SE POSER DANS UN SUJET

LE CHEF-D'ŒUVRE IGNORÉ …

Rééditer, après plus de vingt-cinq ans, le *Livre du sage*, exigeait de notre part une refonte de notre traduction, qui tînt compte des études consacrées, depuis 1982, à Charles de Bovelles, la traduction de Pierre Quillet en contexte cassiré-rien (1983), la découverte à Sélestat par Emmanuel Faye d'un manuscrit inédit (1995), qui lui inspira un article important (1996), dont l'essentiel fut repris dans sa thèse *Philosophie et perfection de l'homme* (1998), la publication du monumental ouvrage de Jean-Claude Margolin, *Lettres et poèmes de Charles de Bovelles* (2002), l'introduction enfin d'une notice « Bovelles » dans toutes les encyclopédies et anthologies de l'humanisme parues depuis vingt ans. C'est dire l'intérêt que n'a cessé de susciter le chanoine de Noyon, dont le rôle essentiel, en cette troisième génération des humanistes européens, aux côtés d'Erasme, de Budé, de Thomas More et de Vivès, méritait d'être mis en lumière. Qu'il nous soit permis d'insister ici sur le passage de relais que réalise le philosophe picard entre l'automne du moyen-âge, dominé par la grande figure de Nicolas de Cues, et le printemps baroque en son exubérante poésie et sa riche spiritualité, qu'a su mettre en valeur Françoise Joukovsky, dans le *Regard intérieur* (1982). Dans les choses de l'esprit, il n'est de passeur qui ne soit créateur.

Maurice de Gandillac qui, le premier, attira notre attention sur Bovelles, lors du colloque organisé à Noyon en 1979, à l'initiative de Jean-Claude Margolin, et nous mit en charge de le traduire, le situait dans la postérité de Nicolas de Cues. Certes, le chanoine picard est nourri de la lecture des œuvres du théologien mosellan. On sait qu'en son jeune âge, assistant de Jacques Lefèvre d'Etaples au Collège Cardinal Lemoine, il travailla à la première édition des *Opera omnia* de Nicolas de Cues (Paris 1514), dont l'*Idiota de mente* en particulier devait lui inspirer ces fameuses notes, retrouvées par Emmanuel Faye, autour desquelles se développeraient et s'organiseraient ses premiers écrits personnels, mais cette proximité ne fait que souligner l'innovation. Alors que le Cusain voit dans la « docte ignorance » le dernier mot d'un savoir qui se heurte au mur de la « coïncidence des opposés », Bovelles fait allègrement de celle-ci, dans son *Ars oppositorum*, le moyen de franchir le seuil sur lequel s'arrêtait le Cardinal de Saint-Pierre-aux-liens. À une pensée inévitablement aporétique, achevée en théologie négative, succède une pensée dialectique, résolument spéculative, où les opposés, non plus seulement le fini et l'infini, le restreint et l'absolu, mais aussi l'objet et le sujet, la matière et l'esprit, le réel et la pensée passent indéfiniment l'un dans l'autre. Transgressant délibérément les limites que, penseur critique, Nicolas de Cues avait envisagées à sa propre démarche, Bovelles ne saurait en être considéré comme un simple épigone.

À constater l'audace spéculative de Bovelles, on est en droit de supposer d'autres influences. Un nouveau statut de la pensée, conduisant à poser la primauté du Sage, lui inspire un nouvel ordre social, où le Sage en vient à précéder, dans la hiérarchie, le prêtre et le roi. Dans le *De duodecim numeris* (1510), ne trouve-t-on pas cet ordre croissant des « dignités », du roi au prêtre et du prêtre au sage, « tige royale dont la cime sacerdotale s'achève en fine pointe philosophique » (fol. 150v) ? Par ce geste hardi, Bovelles semble s'inscrire dans la lignée des maîtres-ès-arts de la Sorbonne, jadis illustrée par Siger de Brabant et Boèce de Dacie. Évoquer les artiens n'est-ce pas alors rappeler la censure apportée à une certaine promotion de l'homme par Étienne Tempier en 1277, lors des fameuses condamnations, qui n'ont point été rapportées, quand Bovelles prend la plume ? Le quarantième des 219 articles condamnés disait qu'il « n'était pas d'état plus excellent que de s'adonner à la philosophie ». Celle-ci suffirait-elle pour assurer à l'homme son salut et lui garantir la béatitude ? L'opuscule inédit de Bovelles, découvert par E. Faye, ne le dit certes pas de façon explicite, mais s'ouvre sur cette proposition *Sapiens est qui se fecit hominem*, ce qui veut dire en clair que la pratique de la sagesse permet à l'homme de réaliser son humanité. Ce sera précisément l'un des leit-motive du *Livre du Sage* que de faire de l'homme, par la sagesse, l'artisan de sa propre humanité, *velut sui calotechnius et optimus artifex* (cap. XXXI, fol. 137r), ce qui donne lieu à cette amplification où l'homme sage est appelé *suiipsius calotechnius toreutes, cosmeta ... id est artifex, celator, ornator* (cap. XXXIII, fol. 138r). Au-delà de la formule de Jean Pic de la Mirandole, qui voyait dans l'homme un *plastes et fictor sui*, Bovelles multiplie les titres empruntés aux métiers d'art, pour faire du sage le plasticien de sa propre statue, celui qui du matériau de

« l'homme naturel » façonne « l'homme cultivé ». Comment interpréter cette auto-production de l'homme en charge de son accomplissement ? Pour reprendre une figure présente dans le *Livre du sage*, devra-t-on voir en l'homme son propre Prométhée ?

Le discriminant entre Nicolas de Cues et Charles de Bovelles pourrait bien être une attitude différente devant les condamnations de 1277. Le Cardinal en prend acte dans toutes leurs conséquences en optant pour ce qu'on a appelé « l'absolutisme théologique » : du fait de la toute-puissance divine, l'univers créé est illimité et chaque créature, tirée du néant, absolument contingente. C'est cette « disproportion » que la *mens humana* devra porter, en faisant de la pensée humaine « l'image vivante » de la pensée divine, les « simulations » de l'une ne pouvant rejoindre les « créations » de l'autre. Pourtant, là même où le Cusain constatait une fracture absolue, Bovelles recherche une continuité : surmontant la distinction entre un entendement divin qui réalise (*essentiat*) et pose dans l'être ce qu'il conçoit et un entendement humain qui le simule (*assimilat*) sur le mode de la représentation, Bovelles concède à l'un et l'autre entendement la capacité de connaître son objet, sans avoir à sortir de soi-même, c'est-à-dire de le produire en le concevant. Et nous voila en marche vers l'idéalisme : un pas décisif est accompli.

Ce pas c'est, incontestablement, le *Livre du sage* qui le franchit. Jean Pic de la Mirandole nous y avait préparé en ses métaphores suggestives qui voulaient voir en l'esprit humain *speculum et vinculum universi*. Le miroir recueille, enregistre, mémorise ; le lien rassemble et noue ce qui a été recueilli. Bovelles multiplie les variations sur cette double métaphore, qu'il va prendre au pied de la lettre : le dévoilement du réel ne peut s'effectuer qu'à la faveur d'un basculement du plan de l'expérience à celui de la pensée, d'un déplacement drastique de chaque chose, sise en son lieu, au lieu de nulle chose, ce non-lieu de la représentation. Le propre de la pensée est de métaphoriser, c'est-à-dire de déplacer les choses du plan de leur occurrence phénoménale à celui de leur consistance notionnelle et de leur cohérence rationnelle. Si l'homme est « comme un Dieu en la terre », c'est qu'il reproduit spéculativement l'ouvrage du Créateur. Forme des formes, matrice des espèces, l'esprit humain, sans sortir de lui-même, peut connaître le monde par son propre exercice. Si l'essence, qui fait qu'une chose est ce qu'elle est, peut être appréhendée empiriquement, elle doit, pour être authentifiée, se générer en quelque sorte dans le pur travail de l'esprit. Que les procédures de la pensée pure retrouvent les processus générateurs de la réalité témoigne de la conformité de la nature et de l'esprit. D'un syntagme emprunté à Thomas d'Aquin (ST, Ia, q. 15), Bovelles nomme *ratio propria* l'expression de cette génération de la chose par l'esprit humain (*Liber propriae rationis*, fol. 29-39), étendant à l'homme un privilège que Thomas réservait à Dieu. Ainsi l'homme use-t-il de son entendement vis-à-vis du monde soit sur le mode de l'altérité pour une connaissance empirique, soit sur le mode de l'identité pour une connaissance métaphysique, qui consiste pour l'esprit à se retrouver dans la nature. Cette entrexpression de l'un par l'autre est la grande découverte de Bovelles, qui ouvre la voie à tous les triomphes de la science moderne.

Ce passage du génie critique au génie spéculatif permet de triompher des « approximations » et des « conjectures », auxquelles en restait le savoir symbolique de Nicolas de Cues, essentiellement soucieux du passage du fini à l'infini. La *trans-sumptio* cependant ne s'effectuait qu'en Jésus-Christ, seul capable de conjoindre l'absolu et le restreint : il n'était de réalisation pour l'homme que dans la *christiformitas*, l'œuvre de la création ne s'accomplissant que dans l'Incarnation. Si Bovelles reste fidèle à sa foi chrétienne, il est à noter que le sage se place chez lui, sous le signe de Prométhée, manière de traduire le thème érigénien d'une participation de l'homme à la Création elle-même. La sagesse fait de l'homme ce creuset (*officina* selon Jean Scot), où toute chose trouve sa forme finale et en lequel s'achève et s'accomplit l'*opus divinum*. À travers ce travail, l'homme se construit lui-même, lui que la nature a fait simplement homme, l'est deux fois par son savoir et trois fois par sa vertu. Bovelles retrouve l'audace non seulement de Jean Scot Erigène, mais aussi de Thierry de Freiberg et de Maître Eckhart, par delà la crise dont Nicolas de Cues avait été le témoin.

L'ombre tutélaire du Cusain cependant garde toujours le spéculatif de l'outrance. C'est ainsi que l'humanisme triomphant trouve son contrepoint dans une théologie négative, d'inspiration dionysienne, très explicite dès 1515 dans les *Conclusions théologiques*. Si, en effet, l'usage fréquent de l'*analogia* pouvait donner au lecteur du *Livre du sage* le sentiment d'un passage continu, par degrés d'être et de perfection, de l'inanimé à l'animé, de l'homme à l'ange et de l'ange à Dieu, la notion d'*assurrectio* nous propose de passer des seuils et de vaincre des disproportions qui mettent au défi la raison humaine et en appellent à un secours surnaturel. Ainsi le *Liber propriae rationis* (1523) associe l'*assurrectio* à l'extase, où l'esprit humain, « submergé par l'immensité de son objet, est saisi plutôt qu'il ne saisit, enfermé plutôt qu'il n'enferme, étreint et transformé en objet, plutôt qu'il ne comprend le donné et le transforme en sa nature » (cap. XVII). Le *Divinae caliginis liber* (1526) va encore plus loin : « Quand on passe les *assurrectiones* pour atteindre aux extases, il ne subsiste de point d'appui plus ferme et plus solide que le modeste aveu de sa propre indignité, confessant humblement qu'on est peu de chose, voire même rien devant Dieu et que l'on n'a pas d'autre savoir que celui de sa propre ignorance » (cap. XXII). Le dernier mot de Bovelles serait-il l'aveu d'un retour à Nicolas de Cues ? Toujours est-il que l'*evasio in Deum* ne cesse, tout au long de sa vie, d'être la visée de sa méditation.

… D'UN AUTEUR MAL CONNU

De la biographie de Charles de Bovelles, il a été suffisamment traité par Jean-Claude Margolin en son édition des *Lettres et poèmes* et par nous-même en nos éditions des textes bovilliens, pour qu'il ne soit pas nécessaire de nous étendre au-delà de ce qui peut faciliter l'intelligence du *Livre du Sage*. Né en 1479 à Saint-Quentin, de vieille famille picarde, Bovelles sera toujours très attaché à son terroir, ce qui ne saurait l'empêcher, dès ses quatorze ans, en 1493, de se rendre à Paris, pour accéder à l'enseignement supérieur. La Sorbonne semble l'avoir guère marqué. La rencontre, en revanche, en 1495, d'un maître de dix-neuf ans son aîné, Jacques Lefèvre d'Etaples, devait être de grande conséquence : picard lui-même, il le fit admettre au Collège Cardinal Lemoine où il enseignait ; philosophe, logicien et mathématicien, il lui apporte une méthode ; prêtre soucieux de retrouver l'Écriture sainte, il l'oriente vers le sacerdoce. Vite intégré au cercle restreint des disciples, Bovelles allait être associé aux recherches de cet enseignant dont la curiosité et le rayonnement traduisent l'effervescence culturelle du Quartier Latin au tournant d'un siècle à l'autre. « Restaurateur d'Aristote », dont il annote l'œuvre entière, lecteur de Denys l'Aréopagite, des pères de l'Église comme des mystiques médiévaux (Richard de Saint-Victor, Hildegarde de Bingen), premier éditeur des œuvres complètes de Nicolas de Cues, Lefèvre témoigne de l'effort des penseurs de la Renaissance pour reconquérir Aristote sur les scolastiques et se doter d'un *organon* à la mesure des défis scientifiques, théologiques, exégétiques et politiques que doit affronter cette troisième génération de l'humanisme européen. À l'époque d'Erasme, de Vivès et de Budé, c'est toute la culture qu'il faut repenser, dans une réforme de l'école et une conception nouvelle de la transmission des savoirs. La concurrence des langues vernaculaires impose un renouveau de la langue latine qui connaît alors un enrichissement sans précédent. L'*ars artificialiter scribendi* met les trésors de l'antiquité classique à la portée de tous les écoliers ; illustrant les textes les plus abstraits de tableaux et de vignettes, l'imprimerie initie une pédagogie nouvelle, où la vue prend le pas sur l'écoute. Très abondamment illustrés, les livres de Bovelles donnent une image d'une révolution dans la manière de penser, dont la philosophie devra prendre acte. Dans sa facture comme dans son contenu, le *Livre du Sage* trouve, en ce contexte, sa juste place. Il ne convient pas à cette époque qu'un livre de philosophie reste aveugle : la *Margarita philosophica* de Georg Reisch en est la preuve.

C'est donc un Bovelles rompu à une *ratio studiorum* rénovée, qui se voit, dès 1500, chargé de responsabilités pédagogiques au sein du Collège. Ces charges d'enseignement vont de pair avec une féconde activité d'écriture, si l'on en croit ces recueils d'ouvrages, si nombreux à sortir en librairie de 1510 à 1533. Les voyages cependant ne manquent pas, en Suisse où une tentation érémitique attire Bovelles jusqu'à la grotte où s'est retiré un spirituel qu'entoure une réputation de sainteté, Nicolas de Flühe, en Allemagne où il séjourne chez un expert en cryptographie, Jean Trithème, abbé de Sponheim, dernier défenseur du *scriptorium* contre l'imprimerie, au nom des vertus éducatives de l'écriture manuelle et de la copie des textes classiques, à Bois-le-Duc près d'Anvers aux Pays-Bas, où il semble avoir fréquenté les Frères de la vie commune et admiré dans l'atelier de Jérôme Bosch la grande composition du *Jardin des Délices* qui lui suggérera l'éternel retour du même par l'apocatastase, à Tolède enfin, invité par le Cardinal primat, en quête de manuscrits de Raymond de Sebonde et aussi de Ramon Lulle dont il écrira la biographie, autant de voyages qui illustrent ce qu'il appelle la condition pérégrine de l'*homo viator*.

La sagesse finit cependant par exiger de son adepte qu'il mette un terme à cette errance, sorte même du monde et fasse retour sur soi (*Livre du sage*, chap. XXII). Dès 1513, alors qu'il n'a encore que trente-quatre ans, Bovelles quitte Paris et rejoint sa Picardie natale, pour y mener, dans la méditation, la plus longue des retraites, puisqu'il connaîtra l'âge avancé de 87 ans. Au gré des évènements de la vie locale, il va de Saint-Quentin, qui brûle en 1557, à Noyon où il est chanoine de la cathédrale, à Viéville et à Sancourt, propriétés de famille, à Ham enfin où il s'éteindra en 1566, en quête d'un Dieu qui nous attend où se trouvent nos racines. Comment cependant expliquer ce repli sur soi de celui dont la pensée, au début du siècle, ouverte aux quatre vents de l'esprit, avait fait preuve d'une telle audace spéculative? Les désordres du monde des clercs y sont pour beaucoup. Pris d'un enthousiasme évangélique qui l'emporte, dans le «cercle de Meaux», avec Guillaume Briçonnet, Guillaume Farel et Marguerite d'Angoulême aux confins de ce qui sera bientôt la Réforme, Jacques Lefèvre d'Etaples inquiète Bovelles, au point que celui-ci prend ses distances à l'endroit de son ancien maître. Nous sommes encore en 1520. Les choses se précipitent : Erasme obtient que Farel, qui s'y est improvisé prédicateur, soit expulsé de Bâle, et bientôt entre en lice contre Luther lui-même. La Picardie est-elle plus calme ? Un natif de Noyon commence à faire parler de lui, Jean Calvin, qui, en 1533, se convertira à un évangélisme radical. Bovelles, homme d'orthodoxie, tient à rester à l'abri de ces turbulences.

Il ne lui reste plus qu'à ouvrir le volet dionysien de son œuvre. Celui qu'il appelle couramment *divus Dionysus*, dont il lit les œuvres dans une traduction de Lefèvre d'Etaples, trouve son interprétation dans le contexte cusain, où l'inscrivait la *ratio studiorum* du Collège Cardinal Lemoine. Ainsi doivent s'entendre le *Divinae caliginis liber* (1526), le *De raptu Pauli* (1531), les *Agonologiae Christi* (1533) et le *De animae immortalitati resurrectione, mundi excidio et illius instauratione* (1552). Leur réception trouve, en dépit des malentendus et des méfiances, un climat favorable dans la ferveur religieuse ambiante, dont l'édifiante correspondance de Marguerite d'Angoulême et de Guillaume Briçonnet donne une juste idée : la théologie mystique n'était-elle pas la dernière issue pour une raison entravée ? Le sage s'accomplit en contemplatif, la seule image que nous ait laissée de lui Charles de Bovelles étant celle de l'orant aux mains jointes et au corps agenouillé du vitrail de Sainte Catherine en la Collégiale de Saint-Quentin.

La transmission de l'œuvre de Bovelles a souffert de cette longue retraite silencieuse d'un auteur qui avait très tôt quitté la scène du monde et du choix délibéré qu'il avait fait de philosopher en latin alors que le français déjà s'impose. Ses textes cependant circulent, si on en juge par les échos qu'ils trouvent chez Montaigne, Descartes, Pascal et Leibniz. Ce dernier possédait même le *Livre du néant*, réédité à Gröningen en 1661 par le philosophe Martin Schook, qui en donna un commentaire. Dans ses *Leçons d'Histoire de la Philosophie*, Hegel témoigne qu'il fut particulièrement attentif à la force spéculative de ceux qui furent, à la Renaissance, les pionniers des philosophies du sujet, mais c'est Ernst Cassirer qui fut le premier à s'aviser de l'importance à cette époque de la montée en puissance de l'idéalisme subjectif. Pourtant, il ne faudrait pas oublier une autre postérité du philosophe picard, qui pour être plus discrète en est cependant plus directe, celle des poètes métaphysiques, d'expression latine ou française, de ce qu'on appellera l'âge baroque.

Nous renvoyons en marge à la pagination de l'édition princeps donnée par Henri Estienne à Paris en 1510, où le *Liber de Sapiente* fut publié avec onze autres titres. Nous avons travaillé sur le fac-similé de ce recueil, réalisé par la maison Friedrich Fromann Verlag (Günther Holzboog) à Stuttgart-Bad Cannstatt en 1970. Nous avons tenu compte des quelques corrections proposées par Raymond Klibansky dans son édition du texte latin du *Liber de Sapiente*, publié en appendice de l'ouvrage d'Ernst Cassirer, *Individuum und Kosmos in der Philosophie der Renaissance*, Leipzig-Berlin, 1927. Le texte de R. Klibansky avait donné lieu à un tiré à part chez Wissenschaftliche Buchgesellschaft, à Darmstadt en 1963.

Pierre MAGNARD

CHARLES DE BOVELLES DE SAINT-QUENTIN À SON TRÈS NOBLE PÈRE GUILLAUME BRICONNET, ÉVÊQUE DE LODEVE [1]

| Très vénérable prélat,

Interrogé sur la nature de la vraie et haute sagesse, Apollon Pythien a, dit-on, rendu aussitôt cet oracle : « Homme, connais-toi toi-même ». Bientôt l'avis unanime des sages grecs consacra, à juste titre, cet oracle qui fut inscrit en lettres d'or, sur leur demande, pressante au fronton du temple du dieu. Si, compte tenu du caractère local et païen de ce dieu, l'on objecte que c'est pour un chrétien un grave sacrilège de prêter des oreilles attentives et de donner foi à une vaine apparence, je réponds qu'Apollon n'a jamais été un dieu et que sa statue, muette, n'a jamais rendu aucun oracle : personne cependant ne niera ni ne contestera que cet esprit, quel qu'il fut, qui, se cachant sous l'image taillée, parla alors par le truchement de la

---

1. Guillaume Briçonnet (1470-1534), devenu évêque de Meaux en 1515, se consacre alors à la réforme de son diocèse et crée pour cela en 1521 le fameux cénacle où l'on trouve Jacques Lefèvre d'Etaples, Marguerite de Navarre et Guillaume Farel. Homme à la fois d'action et de contemplation, il éprouvait un vif besoin de régénérer l'Église.

statue et sous le nom d'emprunt d'Apollon, ait apporté au
genre humain la réponse la plus juste. Si en effet les psaumes
inspirés attestent que le comble de la folie de l'homme est de
ne se point connaître, il est assurément permis de penser que la
sagesse, qui est son contraire, est de se connaître. « L'homme
en effet, disent-ils, bien qu'il fût à l'honneur, ne l'a pas
compris : il s'est mis au rang des bêtes brutes et stupides et s'est
rendu semblable à elles » [1].

Nous interprétons cette parole sacrée comme suit. Bien
que l'homme fût homme par nature, il n'a cependant pas su
qu'il était homme, ni n'a compris, oublieux de sa dignité, qu'il
était doué de raison, voué à l'immortalité, image de Dieu.
Tombé en effet de son faîte, il s'est stupidement animalisé
et lui qui à l'origine avait simplement brillé de l'éclat de
l'homme naturel, recouvert par la suite du sombre brouillard
de l'ignorance, comme s'il n'était plus maître de son esprit
ni conscient de lui-même, ayant perdu sa manière propre
d'exister, sembla plutôt qu'un homme une bête sauvage,
en tout point opposé à l'homme. Si donc la folie humaine
consiste en cette déchéance de l'homme de ses prérogatives et
qualités propres, il en résulte que l'homme naturel mène une
vie indigne de l'homme : la sagesse, qui lui est opposée sera
la vertu susceptible de mettre l'homme sur ses pieds, de le
maintenir et de le fixer en son humanité, ou, si l'on veut, de lui
interdire de sortir des bornes humaines en partageant le destin
des êtres inférieurs.

La sagesse sera ainsi son ferme maintien dans l'humanité
en même temps que la mise en lumière de ses prérogatives et
qualités propres, d'où résulte pour l'homme philautie, c'est-

---

1. *Psaumes*, 48, 13.

à-dire amour de soi ou harmonie interne. En effet, pour reprendre les mots de saint Denys l'Aréopagite : « Si la science est ce qui réunit le connaissant et le connu, si l'ignorance en revanche divise l'ignorant contre lui-même »[1], assurément qui se sait homme, seul est homme, un en lui-même, homme dans l'identité de soi à soi. Celui en revanche, qui est privé de sa propre lumière et de la connaissance de soi est, en vertu de la même loi, séparé de lui-même par le verrou de l'ignorance, de telle sorte qu'il ne se rencontre pas lui-même, ni ne parvient à s'unifier, ni ne devient homme par sa vertu, lui que pourtant sa nature a fait homme. Aussi le Sage se distingue selon le principe dont il est né ou encore selon le jaillissement dont il est sorti : homme avant, homme après, homme par la forme du corps, homme par la puissance intérieure de l'esprit, lui qui soutenu par la balance d'une claire raison se maintient en son humanité.

Quelques propos, que compte tenu de notre faible talent, nous ayons entrepris de tenir sur cette sagesse de l'homme, qui est prudent inventaire de ses biens et attentive réflexion sur lui-même, nous te les dédions : accueille-les, je t'en prie, avec autant de bienveillance que nous les accompagnons de vœux favorables pour te les offrir. Adieu.

> Sixain au lecteur
> Qui veut savoir est sage aussi longtemps qu'il vit,
> Transparent à lui-même et seul présent à soi,
> Tandis que l'insensé gaspille ses années
> Allant de jour en jour sans le moindre bienfait :
> Ce livre le dira. Homme épris de droiture,
> Prends-le, dépose et garde au profond de ton cœur.

---

1. *Des noms divins*, chap. IV, 6, 701b.

LE LIVRE DU SAGE DE CHARLES DE BOVELLES DE SAINT-QUENTIN À SON TRÈS NOBLE PÈRE EN JÉSUS-CHRIST GUILLAUME BRICONNET ÉVÈQUE DE LODEVE

| Chapitre I

Qu'il y a autant de degrés entre les hommes qu'entre les choses sensibles

En tout homme, il y a, par nature, Substance, Vie, Sentiment et Raison, car tout homme est, vit, sent et comprend. Pourtant parmi les hommes les uns n'actualisent et ne mettent en œuvre que la substance, d'autres la substance et la vie, d'autres la substance, la vie et le sentiment, d'autres enfin la substance, la vie, le sentiment et la raison.

Il en résulte que tous les hommes sont semblables quant à la nature et à la substance et ne constituent, par l'identité de l'espèce, qu'un seul et même homme : ils diffèrent cependant très largement par le mode de vie, l'activité et le savoir-faire. Si les uns sont à juste titre comparés aux minéraux, c'est-à-dire aux corps élémentaires, d'autres aux végétaux, d'autres aux bêtes brutes, c'est à bon droit que les plus élevés des hommes, semblables entre eux, raisonnables par l'appropriation et l'exercice de la raison, sont seuls réputés hommes véritables et accomplis[1].

Bien qu'on compte en effet quatre degrés de choses naturelles : subsistantes, vivantes, sentantes et raisonnables[2], l'espèce humaine cependant comprend en elle-même tous ces degrés et se divise et répartit en quatre ordres. En tant qu'elle embrasse toute la nature, qu'elle comprend toutes choses et qu'il n'est rien qu'elle n'assume, elle se rend semblable aux subsistantes par ce qui est en elle de plus humble et de plus bas, aux vivantes par ce qui vient ensuite, aux bêtes brutes par ce qui est de troisième degré, mais ce n'est que par ce qui est de quatrième degré qu'elle est remise à sa place, élevée à son faîte, coïncidant avec elle-même en d'heureuses retrouvailles[3]. À ce niveau seulement, tant par le savoir-faire, l'application et l'industrie que par la participation à l'être naturel, elle est jugée porter l'humanité à sa perfection.

En effet, puisqu'au nombre de deux sont les passions qui tirent l'esprit inquiet à hue et à dia, passion de l'honneur et délectation de la chair, l'une et l'autre frappent l'âme des trois flèches de leur arc mortel et, l'ayant inconsidérément blessée de leur triple pointe empoisonnée, la font périr. C'est un fait que lorsqu'en proie à la passion de l'honneur, l'homme désire

1. Deux thèmes interfèrent ici celui de l'échelle des êtres et celui de la possibilité pour l'homme d'en gravir tous les degrés. Bovelles s'inspire de la *Hiérarchie céleste* de Denys et des *Expositiones in hierarchiam coelestem* de Jean Scot Erigène.

2. Cette gradation est reprise du chap. I du *Livre des Créatures* de Raymond de Sebonde, que Bovelles était allé consulter en Espagne.

3. Le thème de la *recapitulatio* de toutes les créatures en l'homme, développé par Origène (*Homélies sur le Lévitique*, 52), sera repris par Jean Scot Erigène et plus tard par Nicolas de Cues et Jean Pic de la Mirandole.

être élevé au-dessus de lui-même et vivre au-dessus de son ordinaire et de sa mesure, il est jeté par les vents maléfiques sur trois énormes écueils : l'orgueil, la colère et l'envie, que les spirituels appellent les fléaux du cœur. Mû par les séductions de la chair ou du corps, l'homme devient de même trois fois inférieur à lui-même et, abattu de son faîte, est englouti pour son malheur dans le triple abîme de la luxure, de la gourmandise et de la paresse, que les spirituels appellent ses souillures corporelles. D'un côté, l'homme, de ses trois ailes, essaie – oh sacrilège ! – de vouloir passer l'homme, revendiquant les honneurs divins, lui qui n'est même pas tenu digne des honneurs humains ; mais de l'autre, séduit par le charme du plaisir, entraîné par son triple fardeau, il tombe en dessous de l'homme et lui devient de beaucoup inférieur.

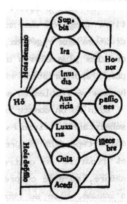

En outre, on a coutume d'ajouter un septième fléau[1], la passion de l'avoir, que l'on nomme avarice : celle-ci n'est considérée ni comme totalement spirituelle, ni comme totalement corporelle, mais vu qu'elle participe de l'un et l'autre extrême, elle se tourne de l'un et de l'autre côté, procédant de l'un et de l'autre principe. C'est un fait que nous-mêmes d'une part nous dépensons une fortune à acquérir des honneurs, d'autre part nous

1. La doctrine des sept péchés capitaux inspirera à Bovelles l'opuscule *De septem viciis liber* (Lyon, S. Gryphius, 1531), où la traditionnelle classification donnera lieu au jeu des métamorphoses à la suggestion du lapidaire, de l'herbier et du bestiaire.

courons après cet argent pour ne point être privé de ce démon
tentateur. L'homme qui s'écarte du juste milieu pour l'une ou
l'autre direction, devient malheureux. Qu'il se soit en effet
indûment efforcé de se mettre au-dessus de l'homme ou qu'il
ait donné dans une sous-humanité, une mort perfide le guette
dans la nuit et de sombres esprits font escorte à son ombre.

119v. | Celui qui en revanche se sera tenu à l'écart des extrêmes,
celui qui immobile se sera placé, tel une balance en équilibre,
dans le juste milieu et sera demeuré en son assiette humaine,
devra être considéré comme un vrai homme, cultivé, honnête
et sage, doué de l'heur et de la béatitude. C'est pourquoi,
l'homme seul est menacé de six maux principaux qui, à la
manière des bêtes féroces, dirigent sur lui de leurs repaires
leurs traits empoisonnés et sont à l'affût de son bonheur. De
ces maux, le fléau de l'avarice est l'auxiliaire commun ; la rage
aveugle de posséder, comme une servante perverse, les flatte
tous, les alimente et les entretient. Elle dispense en effet
l'argent, par le moyen duquel ou bien nous prétendons aux
honneurs – nous nous élevons, dis-je, orgueilleusement, haïs-
sons ceux qui ne nous reconnaissent pas et jalousons nos égaux
– ou bien nous poursuivons inconsidérément les misérables
sollicitations de la chair et les plaisirs sans lendemain.

C'est que la luxure et l'amour immodéré d'un plaisir
honteux rendent l'homme tout à fait semblable aux bêtes et le
précipite pour son malheur de son assiette humaine au rang des
brutes, puisque rien ne prévaut pour les brutes sur la lubricité
et la reproduction de l'espèce. La gourmandise, c'est-à-dire
l'envie irrépressible d'aliment pour le corps, fait rétrograder
l'homme du premier rang, le sien, au troisième, et le rend
semblable aux plantes qui, bien qu'elles soient privées de toute
sensation et de tout plaisir, exercent cependant leur fonction

de nutrition. Dernière de toutes, la paresse met l'homme au dernier rang et le rend semblable aux pierres.

En effet, de même que ces pierres qui demeurent fixées au dernier rang, ne possèdent rien d'autre que l'être et qu'il ne leur est donné ni d'exercer la moindre fonction naturelle, ni de se mouvoir par elles-mêmes, de même tous ceux que possède ce phénomène monstrueux de la paresse[1], dorment d'un sommeil sans trêve, sont écartés de tout acte et de toute œuvre, se tiennent immobiles à la façon des cailloux, comme si la mère nature leur avait imparti l'être seulement, sans aucune force manifeste ni aucun pouvoir d'agir de manière louable. Ces gens en effet se montrent plus que quiconque ingrats envers les dons de la nature, eux qui n'exercent aucune de leurs forces naturelles : profondément déraisonnables dans leur raison même, insensibles dans leur sentiment, inanimés, déjà morts et stériles dans leur vie, oisifs, inertes et immobiles en leur être. Ce propos sera rendu plus clair par la figure | ci-après, **120r.** où sont gravés d'un côté situés respectivement les quatre ordres de réalité : être, vie, sentiment et raison, de l'autre l'espèce humaine distribuée proportionnellement aux quatre degrés. Celui qui en effet se tient à la plus haute place, est le véritable homme de culture, apparié à l'homme de nature, homme en un sens comme en l'autre, par la vertu comme par la nature. Les hommes en revanche qui sont situés sur les degrés inférieurs, sont hommes en vérité par la nature et par l'être, non par la vertu qui leur manque, vu que les séductions charnelles les ont jetés à bas du faîte de la dignité humaine et en ont fait les

---

1. Nous traduisons *acedia* par « paresse ». On trouve à l'époque *acedia* associé à *tristitia* et à *melancolia*, pour exprimer l'ennui, le vide spirituel.

pairs, les semblables et les égaux les premiers des bêtes, les
suivants des plantes, les derniers des pierres immobiles.

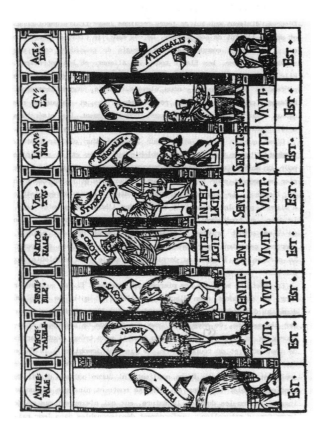

Chapitre II

Des quatre degrés d'humanité correspondant aux quatre éléments

Imagine maintenant que le séjour naturel de l'homme soit dans le feu qui, bordé par le ciel lunaire, en embrasse étroitement toute la concavité. Celui qui, par vertu naturelle ou acquise, se tient sans faillir en équilibre dans cette sphère de feu est un homme véritable, droit et cultivé. Celui en revanche, que ronge le ver immonde de la luxure, précipité de sa propre, vertueuse et pure maison de feu dans l'élément suivant, l'air, se souille honteusement. Celui que l'empire de la gloutonnerie a cruellement mis en pièces, déchu de son humanité, est précipité de ce second lieu dans les eaux, pour y être englouti. Celui enfin que la paresse, boue et débris de tous les vices, a contraint, enseveli qu'il est sous de mols édredons, à s'abstenir de toute œuvre humaine, est, pour son malheur, rejeté du feu d'en haut dans le débris et la boue des éléments primordiaux, c'est-à-dire dans le fond de la terre, pour devenir, sans aucune injustice, parfaitement semblable aux minéraux inertes et à la terre également immobile.

Ce qui est purement et simplement, est comparable à la terre : ce qui vit, à l'eau ; ce qui sent, à l'air ; ce qui comprend, au feu. C'est un fait que les choses, qui n'ont que l'être, sont comme les pierres : elles sont d'elles-mêmes inertes, informes, inorganiques, indifférenciées, à même la terre – comme dans le sein de la mère universelle – où elles se dissimulent, se cachent et sont ensevelies.

Celles qui vivent participent du flux vital des eaux et sont les premières à se mouvoir, à se nourrir, à croître et à se reproduire. Elles ont, pour une part, poussé à partir de la terre et se sont développées en hauteur, mais pour une autre elles sont restées attachées à la terre comme au sein maternel.

Les bestiaux par contre et tous les êtres qui possèdent le sentiment ont cette faculté, gage de supériorité et de liberté, de se mouvoir d'un lieu à un autre; ainsi échappent-ils à ce qui leur est nuisible et recherchent-ils ce qui leur est utile, expédient et indispensable, soit le gîte soit la nourriture. Détachés en effet du sein de la terre par la reptation, la nage, la marche ou le vol, tout à fait retranchés et séparés de la matrice, capables en outre de se mouvoir librement et spontanément, ils attirent à eux les regards. Ils ont cependant la tête tournée vers le sol, penchée en avant et portée vers le bas.

Aux hommes seuls, il a été accordé par la nature de se dresser sur leur séant, de se tenir debout et de contempler le ciel.

Il en résulte que relèvent du premier degré les êtres sans tête, parce qu'indifférenciés, privés non seulement de la tête mais aussi de toute différenciation des organes et de l'appareil des membres; ils sont en effet, dit-on, totalement ensevelis dans les entrailles de la terre. Les autres qui sont doués de tête, de membres différenciés, d'activité, de mouvement et de sentiment, sont offerts au regard. Cependant la tête de ceux qui ne sont que vivants, je veux dire la racine au moyen de laquelle ils prennent leur nourriture ou tirent de la terre-mère le suc laiteux, est cachée dans le sol, fixée et attachée au sein maternel. Si l'on en vient aux animaux privés de raison, même si elle est détachée et séparée de la terre, afin qu'ils se repaissent librement, leur tête est cependant tournée vers le bas et très peu faite pour contempler les révolutions du ciel ou plutôt de l'éther. En revanche la tête de l'homme par nature occupe noblement la plus haute place du corps et se tourne vers le ciel : elle est faite pour élever le regard vers les extrémités du monde, astres et corps célestes, et pour les observer.

> Les quatre degrés de réalité sont comparables aux quatre éléments.
> L'être à la terre, la vie à l'eau, le sentiment à l'air, l'intelligence au feu.
> Les minéraux sont homogènes, leurs parties étant indifférenciées.
> Les trois autres degrés de réalité impliquent l'hétérogénéité et la différenciation des parties.
> Les minéraux sont dépourvus de tête, les autres êtres ont une tête.
> En ces trois degrés, les têtes ne sont pas les mêmes, en bas, par côté ou en haut.
> En effet bien que la tête soit parfaite, elle peut s'entendre de trois manières.
> La tête des plantes est tournée vers le bas, celle des animaux vers le côté, celle des hommes vers le haut.
> Il est donc clair que l'homme est comme une plante inversée et retournée.

| CHAPITRE III   120v.

QUE LES TÊTES DES ÊTRES NATURELS SE RÉPARTISSENT DE TROIS MANIÈRES

Il y a donc trois sortes de têtes chez les êtres naturels : tournée vers le bas et cachée dans la terre chez ceux qui n'ont que la vie, portée au milieu et sur le côté chez les animaux, tournée vers le haut et placée au sommet, au faîte du corps et du monde, chez les hommes. Ce n'est certainement pas sans raison que presque tous les hommes répètent ce proverbe : l'homme est comme une plante inversée et retournée[1]. Tous les êtres vivants ont en effet une tête ou un organe en tenant lieu, qui puise au dehors la nourriture : on l'appelle racine chez les plantes, tête chez les animaux.

Les plantes sont en effet très semblables à des hommes inachevés, comme les enfants en bas âge qui ayant constamment besoin d'aliment liquide sont contraints d'avoir toujours la bouche fixée sur leur mère et de recueillir le lait qui coule en abondance de son sein. De même les plantes, parce qu'elles sont les premiers nés de la terre et les premières productions du monde sensible, ne se détachent jamais du sein maternel, c'est-à-dire de la terre. Au moyen de leur bouche toujours appliquée, c'est-à-dire de leur racine, elles en puisent le lait qui coule continuellement et comme les enfants nouveaux-nés elles compensent l'écoulement de leur propre substance par une absorption ininterrompue de nourriture.

Les bêtes brutes de leur côté sont très semblables aux enfants qui, à partir de deux ans, sont sevrés et cessent d'être portés, mais n'ont pas encore acquis cette force physique qui leur permettrait de se soutenir par eux-mêmes, de se dresser sur leurs pieds et de se tenir droits et qui doivent, quand ils

---

1. *Proverbiorum vulgarium libri tres*, Paris, G. de Pré et J. Roigny, 1531, p. 83r.

se déplacent par eux-mêmes, courbés et penchés en avant, prendre appui à terre sur leurs mains et leurs pieds et marcher comme des animaux.

Les êtres raisonnables enfin se comparent assurément à l'homme accompli dans sa virilité. L'homme naturel en effet, parvenu à la virilité, n'a plus besoin de téter le sein de sa mère, ni de marcher à quatre pattes penché comme une bête, mais il use d'un aliment plus nourrissant, se porte lui-même, se tient debout et marche tout seul.

Il en résulte que toute l'espèce humaine doit être répartie, pour une double raison, en quatre niveaux et être justement comparée aux quatre degrés du sensible. De fait, comme l'homme s'accomplit en son corps en prenant de l'âge et se parachève en son cœur grâce à la vertu, ici et là se manifestent quatre degrés d'humanité, par lesquels croissant peu à peu en âge et en sagesse, il monte, il s'élève et se hausse d'une position basse et abjecte au plus haut degré de perfection dont il est capable.

En effet, dans l'accomplissement de l'âge d'homme, nous dénombrons ces degrés : enfant dans la matrice, enfant au sein, enfant à quatre pattes, homme marchant tout seul et capable de se suffire à lui-même. En vérité l'enfant, avant sa naissance, est caché dans le ventre de sa mère et se tient immobile et inactif, tout comme les minéraux sont cachés et contenus dans les entrailles de la terre. Le nourrisson qui tête sa mère est, nous l'avons montré, très semblable aux plantes. Celui qui, encore infantile, marche à quatre pattes est, nous l'avons prouvé, l'égal des bêtes. Celui qui en revanche, ayant acquis la force virile, peut se tenir debout par lui-même et marcher, réalise manifestement la nature humaine. Il y a donc en vérité quatre degrés dans la réalisation physique et la croissance de l'homme, par lesquels celui-ci insensiblement s'élève, progresse et grandit du stade minéral au stade humain.

Il y en a autant dans l'accomplissement spirituel de l'homme et l'acquisition de ses vertus, ainsi que nous les avons **121r.** énumérées et recensées plus haut. C'est un fait que de | ces hommes qui sont physiquement achevés et accomplis et sont parvenus à l'âge viril, les uns connaissent un accomplissement et un achèvement dans la vertu, ceux que nous nommons cultivés et sages [1], les autres l'ignorent et nous les disons fous, vu que par manque de vertu ils ne sont pas à la taille de l'homme et que, comme nous l'avons dit, ils ne paraissent pas, en leur genre de vie, dissemblables des pierres, des plantes et des bêtes. Il est des hommes, en effet, qui par paresse deviennent tout à fait semblables aux minéraux; d'autres par une envie irrépressible de nourriture se font semblables aux plantes, d'autres par un honteux désir imitent les animaux; d'autres enfin par le moyen de la seule vertu sont déclarés hommes dans leur corps comme dans leur âme.

Chapitre IV

Que l'homme peut être déclaré tel
de trois manières différentes

Il est clair, d'après ce que nous avons dit, que l'homme peut être déclaré tel de trois manières et pour trois raisons différentes. Ou bien en effet l'homme est simplement homme,

---

1. *Studiosus* est ici synonyme d'*eruditus*, soulignant l'effort mis en œuvre par celui dont la nature ne suffit pas à faire un homme.

c'est-à-dire composé d'un corps humain et d'une âme raisonnable ; selon cette acception tout homme est homme, le fou
comme le sage, le jeune enfant comme celui qui a acquis la
force virile. C'est là en effet une manière naturelle d'être
homme, manière par laquelle il est reconnu que l'espèce
humaine réalise le quatrième degré des choses sensibles. Ou
bien nous appelons homme celui qui a achevé sa croissance
physique et a fini par actualiser la forme humaine ; selon cette
acception, le nouveau-né et l'enfant méritent à peine d'être
appelés des hommes. Ou bien l'homme est celui qui est pleinement développé en son esprit et achevé par sa vertu ; ni le
nouveau-né ni le fou ne sont hommes en ce sens, seuls le sont
les hommes cultivés et sages. L'homme de culture en effet est
homme de toutes manières ou si l'on veut trois fois : homme
par la nature, homme par l'âge, homme par la vertu. Celui qui
en revanche n'est pas cultivé ne peut être homme que de deux
manières, par l'âge et par la nature. Celui qui, tel l'enfant, n'est
pas homme par l'âge ne l'est que d'une manière, à savoir par la
nature, mais ni par l'âge ni par la vertu il n'est homme.

Enfant	nature			Homme
Fou	âge	nature		Homme
Cultivé	vertu	âge	nature	Homme

Si l'on envisage l'homme en toutes ses acceptions selon la
nature, comme selon l'âge et la vertu, celui-ci s'accomplit en
quatre degrés. De fait l'homme naturel, en tant qu'enfant, se
place au quatrième rang à partir des minéraux ; en effet les
premiers produits de la nature sont les minéraux, les seconds les
végétaux, les troisièmes les animaux et le plus élevé l'homme
naturel. La nature a d'abord engendré ce qui n'a que l'être en

apanage, ensuite ce qui a la vie, en troisième lieu ce qui a le sentiment, en quatrième et dernier lieu ce qui a part à la raison.

Représente-toi en effet que la nature, mère de toutes choses, a engendré quatre filles : la première la substance, la seconde la vie, la troisième le sentiment, la quatrième la raison, la plus belle, la plus sage des quatre égale à sa mère, qui a soumis à sa direction ses trois sœurs parce que imparfaites et sans gouverne. Tu apprendras que, par ce décret, la mère nature a été portée en quatre degrés jusqu'à celui de l'homme naturel, qui est celui de la raison. Or, dans la croissance de l'homme en âge, on trouve des degrés analogues : l'enfant dans la matrice, l'enfant au sein, le bambin marchant à quatre pattes, l'homme dressé sur son séant.

Dans sa croissance en sagesse, on trouve la distinction : paresse, gourmandise, luxure, vertu. Des vices, auxquels l'homme par nature est enclin, la substance humaine peu à peu s'élève, se pousse, s'élance vers la vertu elle-même, comme il apparait plus clairement à partir du présent tableau :

Minéraux	Vivants	Sensibles	Raisonnables
Pierre	Arbre	Bête	Homme naturel
Être	Vivre	Sentir	Comprendre
Enfant dans la matrice	Nourrisson	Quadrupède	Bipède
Premier âge	Second âge	Troisième âge	Quatrième âge
Fœtus	Bébé	Enfant	Adulte
Paresse	Gourmandise	Luxure	Vertu
Paresseux	Désirant	Aimant	Cultivé
Terre	Eau	Air	Feu
Écriture	Parole	Concept	Esprit

En outre, eu égard à la vertu intellectuelle, qui se réalise en l'homme après la vertu morale, se présentent encore quatre degrés dans l'accomplissement de l'homme par la vertu intellectuelle. La vertu morale est, de toute manière, étrangère et extérieure à l'âme, vu qu'elle passe des traités de paix entre l'âme et le corps, qu'elle contraint le corps – ainsi que l'ordonne la nature – à être soumis à l'âme, qu'elle lui donne la paix en en chassant les nuages et les vents et lui apporte sérénité et quiétude. Mais la vertu intellectuelle est la pénétration de l'âme par la lumière | qui, sans vertu morale, ne peut pas plus **121v.** la pénétrer et y resplendir, que le rayon du soleil ne peut étinceler de son éclat doré dans une atmosphère brumeuse. Aussi cette vertu intellectuelle, par laquelle finit par être illuminée l'âme qu'apaise et rassérène la vertu morale, quoiqu'elle soit la propriété privée de cette âme, comporte également quatre degrés[1], par lesquels elle mûrit et s'achemine vers son faîte. En effet, comme nous l'avons enseigné dans notre livre *Du sentiment*[2], l'homme qui est soumis à une éducation et qui est enseigné par un autre homme, commence par écrire ; de l'écriture, il est conduit à la parole ; de la parole il fait sortir la notion ; de la notion enfin qui est l'image la plus proche et la plus intime de sa pensée, il s'élève jusqu'à l'être sublime de la pensée sur quoi rien ne l'emporte. Tel est donc le véritable, très puissant et intellectuel accomplissement de l'homme : de l'écriture à la parole, de la parole à la notion, de la notion à l'intelligence.

---

1. La hiérarchie ascétique de Jean Climaque dans sa *Scala Paradisi* est ici transposée au plan intellectuel.

2. *De sensu*, chap. XXX, p. 53 et chap. XXXV, p. 56, Paris, H. Estienne, 1510-1511.

Chapitre v

Que la raison seule est la fille adulte
et accomplie de la nature

Il a été montré plus haut que la nature sensible et matérielle avait seulement quatre filles : la substance, la vie, le sentiment, la raison, qui, comme le rappelle notre livre *De la Génération*[1] se répartissent toute la matière et en rassemblent toute la masse, de la même façon que toute la coupole du ciel sublunaire est constituée, remplie, occupée par les quatre éléments. C'est en effet selon cette norme et ce critère des quatre éléments que se répartissent aussi les actualisations de la matière, puisque la coupole sublunaire et la matière ont même volume et même capacité.

C'est un fait que, quoique nous convenions que Dieu ait produit cinq actualisations dans l'être : le substantiel, le vital, le sensible, le raisonnable et l'intellectuel c'est-à-dire l'angélique, nous ne sommes pas du tout d'avis que ce degré suprême soit matériel, c'est-à-dire qu'il soit fait pour subsister dans la matière. Celui-ci donc, puisqu'il est fait pour subsister par

---

1. *De generatione*, chap. vi, p. 102v, Paris, H. Estienne, 1510-1511.

lui-même, et qu'il est plus ancien que toute actualisation de la matière, n'est aucunement considéré comme un acte de la matière. De même que nous affirmons catégoriquement que le cinquième et suprême corps du monde, le ciel, que nous appelons la quintessence du monde, est immatériel et n'a rien de commun avec la matière, de même l'acte angélique, qui est compté le cinquième à partir de l'acte le plus humble, celui de l'être, bien qu'il soit le premier par l'ancienneté de son origine, n'a rien de commun avec la matière et n'est lié à elle par aucun lien. Il vit séparé et par lui-même en dehors de la matière, n'accomplit en elle aucune de ses opérations et ne tient pas d'elle être naturel. Il faut en effet que tout acte, qui fait paraître quoi que ce soit en elle ou qui y effectue quelque chose, relève de la matière, elle qui est faite pour ne rien recevoir ni endurer d'un acte séparé et distinct, mais seulement de celui qu'elle enferme en elle-même et qu'ayant embrassé en son sein elle retient sous le globe de la lune.

L'acte angélique[1] donc n'est pas une production ni un gage de la nature sensible ; il est référé à la nature supérieure et intellectuelle, puisque nous soutenons que la nature sensible a pour champ la matière et le pourtour sublunaire, en disant que la nature sensible a engendré seulement quatre filles, c'est-à-dire qu'elle a imposé quatre formes à la matière : l'être, la vie, le sentiment et la raison. Or nous affirmons que trois d'entre elles sont inachevées : l'être, la vie et le sentiment ; nous avançons en revanche que la quatrième, la raison est seule parfaite, entière, achevée et égale à sa mère nature.

---

1. Bovelles renoue avec l'angélologie néo-platonicienne de Porphyre (*Oracles chaldaïques*), Proclus (*Théologie platonicienne*) et Denys (*Hiérarchie céleste*).

C'est un fait que l'être est semblable au globe terrestre, dont la masse est en vérité l'ébauche de la plénitude sensible, non cette plénitude même en son achèvement. Ainsi la substance (ou l'acte substantif) est l'ébauche de la plénitude de la matière, sans qu'il accomplisse cependant cette plénitude. La vie regarde vers la sphère aqueuse, dont la masse ajoutée à celle de la terre et embrassant la sphère terrestre accroît la plénitude du monde, sans pourtant l'achever. Ainsi l'acte de la vie, ajouté à l'acte de l'être et embrassant celui-ci, accomplit davantage la matière que ne le faisait le seul acte de l'être. Cependant il n'épuise pas du tout cette plénitude. Continuons : le sentiment est comparé à la sphère de l'air, qui, ajoutée à celle de l'eau et de la terre, remplit davantage que la masse des sphères inférieures l'espace du monde sensible, sans le remplir toutefois en totalité. Ainsi l'acte du sentiment se joignant à l'acte de la vie et à l'acte de l'être, peut réaliser une matière plus pleine mais non pas cependant absolument pleine. Reste la raison, tout à fait semblable à la sphère du feu. Celle-ci en effet, embrassant les sphères aérienne, aqueuse et tellurique et recueillant le volume de la voute sublunaire, épuise la plénitude en totalité et épouse les contours du ciel. Ainsi s'ajoutant aux autres actes : celui de l'être, celui de la vie et celui du sentiment, la raison remplit toute la béance de la matière, lui apporte tout ce qui lui faisait défaut et la revêt de la parure la plus achevée, la plus estimable et la plus brillante.

Comprends en effet que le ciel est le père, le principe, la nature, la source et l'origine des éléments et que ce ciel même a engendré d'abord la terre en la mettant à distance de lui-même au centre du monde, puis l'eau, l'air ensuite, le feu enfin,

| quoique, dans notre livre *De la Génération*[1], nous ayons **122r.** enseigné que les éléments avaient été engendrés ensemble et qu'aucune progressivité ne s'était manifestée dans leur genèse. Pour cette raison, le feu se donne comme l'emportant sur tous les autres éléments, parce que seul il fait retour à son origine et coïncide avec son principe, et qu'il finit par être seul voisin et proche du ciel son père et le baise sans fin. Ainsi comprends que la mère nature a engendré quatre filles, d'abord l'être très loin d'elle à la traîne comme la plus frêle et la plus petite de toutes ; ensuite moins loin d'elle et un peu plus grande, la vie qui dépasse l'être de toute une tête ; en troisième lieu encore plus près, le sentiment plus développé, qui par la taille dépasse la vie encore d'une tête ; quatrièmement, enfin tout près d'elle la raison plus grande et plus développée que le sentiment et égale à sa mère. De là il est clair que la raison est de toutes les filles de la nature la seule qui soit achevée, elle qui seule peut rencontrer sa mère et, de même taille, lui donner des baisers, seule donc à être présente auprès de sa mère, faite pour la comprendre et l'embrasser[2]. Les trois autres filles sont inachevées et demeurent immatures, ne parvenant ni à sa taille ni à sa position, elles restent éloignées de leur mère nature, de sorte qu'elles ne sont capables ni de l'embrasser ni de se porter vers elle pour l'étreindre.

Parce qu'elle était adulte, la plus achevée de ses filles et la seule qui lui fut égale, la mère nature établit que la raison commanderait aux autres et lui confia le gouvernement de tout le monde sensible et de ce qu'il contient. Ayant entouré de plus

1. *De generatione*, chap. XIII, p. 110v.
2. La raison serait ce redoublement de la nature sur elle-même, ce juge de la conformité des choses à leur matrice, cet agent du retour de tous les êtres à leur origine, ce témoin de l'accomplissement de la fin dans le principe.

d'amour que les autres cette dernière-née, elle en fit son aînée
et son héritière, afin qu'à l'imitation de sa mère elle apprît à
être sagement à la tête de ses sœurs et à diriger, conduire et
maîtriser toutes choses selon la lumière et la sagesse qu'elle
aura reçue d'elle.

> En effet tout ce qui est sous le ciel, est constitué de la matière et
> de quatre actes.
> La matière unique et uniforme s'étend sous tous les actes.
> Ces actes sont l'être, la vie, le sentiment, la raison.
> La nature sensible est composée de cinq parties
> exhaustivement.
> Nous appelons ces quatre actes les filles de la nature.
> L'être, la plus petite des filles, est la servante des trois autres qui
> l'emportent sur elle.
> La raison, la plus puissante de toutes, règne sur les trois plus
> petites.
> L'être administre le minéral, la vie le végétal, le sentiment
> l'animal, la raison l'homme.
> Dans la procréation de ces filles, la nature procède des
> imparfaites aux parfaites.
> L'être a en effet été engendré le premier, la raison la dernière.
> Les trois petites sont séparées, par l'intervalle de la raison, de la
> contemplation de la nature.
> Seule la raison est faite pour refléter la nature.

122v.   De notre propos, il suit que toute fille | cadette et inachevée
de la nature est comme la servante de son aînée adulte la raison
et que, par l'intervalle de celle-ci, elle est séparée de la
contemplation de la mère nature, de sa présence, de sa vue et
de son voisinage, destinée à être assujettie à la raison ; que la
raison en revanche est la seule qui jouisse du voisinage et de la
vue continuelle de sa mère, elle qui est faite pour se tenir
auprès d'elle, la refléter, et profiter de son aimable conver-

sation. Il en résulte derechef que nous pouvons définir à juste titre la raison comme la fille adulte et accomplie de la nature, c'est-à-dire comme une seconde nature, observatrice de la première, qui façonne en elle-même toutes choses à l'imitation de cette nature antérieure et qui, suppléant aux forces de sa mère, apporte judicieusement un tempérament à l'ensemble. Nous définissons également la raison comme cette force par laquelle la mère nature fait retour sur elle-même, le cycle de la nature se bouclant et la nature étant rendue à elle-même. La nature en effet, dont dès le commencement toutes choses étaient sorties, tendait en quelque façon à faire retour sur elle-même, produisant d'abord des êtres, qui sortent d'elle pour se mettre à distance, comme l'être, la vie et le sentiment, engendrant enfin celui qui est fait pour résider au plus près en son voisinage et pour l'étreindre : nous professons que seule la raison est ainsi.

CHAPITRE VI
QUE SEUL LE SAGE EST VRAIMENT HOMME

Bien que tous les hommes aient le même être, la même nature, la même origine, la même forme spécifique, qu'ils marchent tous la tête haute et qu'aucun ne soit privé de la substance, de la vie, du sentiment et de la raison, seul cependant le sage est vraiment homme ; seul il a élevé son âme des plus bas degrés jusqu'au sommet de la raison, seul en sa nature et en sa substance il produit des intérêts. Il est homme en effet par don de la nature, c'est-à-dire par participation à la substance, il l'est derechef par le développement ultérieur de la vertu et par une sainte conduite, autrement dit par une vie honorable.

Les autres que leur paresseuse oisiveté maintient dans les bas-fonds loin des hauteurs de la raison et de l'éclatante vertu, sont des hommes inachevés et stupides, qui vivent indignes, dans leur acte même, du don que leur fait la nature, c'est-à-dire de l'homme substantiel, déraisonnables dans leur façon d'agir et de vivre. Ceux qui, comme dénués de raison naturelle, sont conduits soit par le désir des sens, soit par l'élan de la vie, sont hommes en vérité par la nature et la substance, mais l'absence de vertu les rend grossiers de cœur, sans maîtrise d'eux-mêmes, imprévoyants, désordonnés, inhumains. Nous avons enseigné [1] qu'il y avait trois degrés chez les gens qui, ancrés dans leurs vices, se trouvent empêchés de se développer en homme vrai, cultivé et achevé : les premiers sont semblables aux pierres, eux qui, tombant en léthargie sous l'effet du sommeil ou de la langueur, se pétrifient ; les seconds imitent les plantes, eux dont l'activité n'est plus que de nutrition ; les troisièmes méritent d'être comparés à des bêtes sauvages, eux chez qui rien ne l'emporte sur l'amour de la terre.

Une chose achevée est nécessairement constituée par l'union d'une matière et d'une forme, vu qu'elle reçoit de la matière son être premier, obscur, confus et caché et de la forme son être second, clair, ordonné et lumineux. Une chose achevée est en effet celle qui est ce qu'elle paraît et qui paraît ce qu'elle est. La chose en effet ne se contente pas d'être ou d'apparaître, elle est constituée de l'un et de l'autre, être et apparence. Tout ce qu'elle semble être au dehors, elle le possède au-dedans ; et si elle possède quelque chose de plus au-dedans, cela même elle le fait sourdre et extériorise en des signes très clairs.

---

1. *Supra*, chap. I.

Relève donc les marques de l'homme sage et achevé, en partant d'une chose analogiquement pleine, entière et achevée ou d'un être constituant une totalité achevée, qui possède l'être en ses deux acceptions : en puissance, dis-je, et en acte, en son principe et en sa fin, en sa matière et en sa forme, en son secret et en sa manifestation, en son début et en son achèvement. Le sage est en effet l'homme entier, total et achevé, homme dis-je selon la nature et homme selon l'intelligence, homme dans la matière et homme dans la forme, homme en puissance et homme en acte, homme en son principe et homme en sa fin, homme en réalité et homme en apparence, enfin homme commençant et homme achevé.

Au sage en effet la nature a d'abord, en guise de matière, fait don de la substance, puis la volonté, l'art et l'industrie lui ont donné généreusement, en guise de forme, la vertu, la science, la lumière, la beauté, la parure et l'apparence. La nature fit don au sage de l'être pur et simple ; lui se donna son être composé, c'est-à-dire vertueux et heureux. La nature lui a concédé l'éminente puissance de la raison ; lui s'efforce d'être raisonnable dans l'exercice de sa vie, en se soumettant en toutes choses à la discipline de la raison. Il se propose en effet la raison comme guide et ne fait rien sans elle ; il brille de l'éclat de celle-ci et dispose selon son harmonie [1] son propre esprit, ses actes et tous ses mouvements.

Une chose imparfaite est soit une matière pure, informe, confuse et de ce fait inconnaissable, soit une forme sans contenu, vide, vaine, sans assiette et flottante. Ici l'on a l'apparence sans l'être, là l'être sans l'apparence. À partir de ces réalités inachevées, qui sont des composantes des êtres vrais et

---

1. *De duodecim numeris*, chap. II, p. 166v., Paris, H. Estienne, 1510-1511.

123r. entiers, apprends à chercher les signes et indices de l'homme inachevé et insensé. Aussi vrai que la nature | ne conserve jamais la pure puissance sans acte non plus que l'acte privé de puissance – chacun étant assurément inutile sans l'autre – il arrive que l'insensé mène son existence terrestre en passant outre cette connexion naturelle, toujours homme en partie, jamais totalement ni intégralement. L'insensé est en effet un homme en désordre qui tire en vérité son origine de la nature, mais qui n'a pas été achevé, ni terminé, ni accompli par l'art et la vertu. Homme réel et naturel, il est immortel et dispose d'une âme raisonnable : il est pourtant privé de cette lumière et de cette illumination de cœur, par laquelle il pourrait connaître les dons qu'il a reçus, avoir le bonheur de savoir qu'il est doué de raison, immortel et image de Dieu [1].

CHAPITRE VII

QUE LE SAGE ET L'INSENSÉ, SEMBLABLES QUANT À LA NATURE, NE DIFFÈRENT QUE PAR LA VERTU

Le sage et l'insensé ne diffèrent ni de nature ni d'être ; ils sont l'un et l'autre homme, pour avoir tous deux en partage l'âme et la corps. Cependant le cœur de celui-ci est vain et vide, tandis que l'esprit de celui-là, à force de vertu, de perfectionnement, de connaissance de soi et d'illumination spirituelle toujours renouvelée, finit par devenir maître de soi. Le

---

1. *Infra*, chap. XLIII ; cf. *Theologicarum conclusionum libri decem*, VII, chap. 33, p. 112r, Paris, J. Bade, 1515. L'ange étant la première image de Dieu, l'homme est dit *secunda Dei imago, relicta a Deo, juxta Scripturam, in manu sui consilii.*

commencement de l'un et de l'autre est semblablement Dieu, l'unique fin de même : mais seul celui-là par sa vertu et sa sagesse devient semblable à Dieu, retourne en son principe et accomplit sa fin naturelle ; l'autre, par contre, souffre du manque de vertu, de la confusion dans laquelle le jette la dissemblance, de la coexistence en lui de deux états contraires, empêché pour son malheur de retrouver son origine et de jouir de sa fin naturelle.

Le sage est au fait de l'ordre qui le règle ; il embrasse toutes ses parties, corps et âme. Le composé conserve en lui-même l'ordre de la nature, de telle sorte que cette partie domine et que celle-là soit soumise à l'autre. Il mesure les unes aux autres toutes les forces, puissances naturelles et facultés du cœur ; il préfère à toutes et cultive par-dessus toutes celle qui lui ouvre la voie vers l'immortalité et la béatitude. Il vit enfin comme un Dieu en la terre [1] : image véritable à toutes supérieure et réelle du Dieu éternel et premier dans l'ordre de la nature auquel il a emprunté être et vertu.

On dira le contraire de l'insensé. Puisque, en raison de son ignorance de soi, aucun espoir d'immortalité ne l'habite, c'est à bon droit qu'il se déchaîne en reprenant ces mots de Salomon : « Brève et fastidieuse est la durée de ma vie. Un souffle s'est exhalé de mes narines, mon esprit s'est écoulé comme un air inconsistant. Après cela, je serai, comme si je n'avais pas été ; personne désormais ne gardera le souvenir de mes œuvres. Je jouirai donc de mes biens dans ma jeunesse, je mangerai et je boirai ; demain en effet je mourrai » [2]. Aban-

---

1. Formule hermétique que l'on retrouve chez Nicolas de Cues, Marsile Ficin et Pic de la Mirandole.

2. *Sagesse*, 2, 1-6.

donné, du fait même de ce malheureux désespoir, aux séductions terrestres et périssables, l'insensé, tandis qu'il cherche à chasser la représentation d'une mort cruelle et punitive, hâte ce funeste dénouement, ajoute encore au châtiment et « donne tête baissée, comme le dit l'éloquence sacrée, dans la tombe qu'il s'est creusée » [1].

Le sage est un homme délimité, c'est-à-dire ordonné et achevé dans ses limites. L'insensé, par contre, est illimité, inaccompli, inachevé. Celui-ci montre clairement qu'il est principe sans fin, puissance sans objet, force sans œuvre : celui-là prouve qu'il est principe joint à une fin, puissance unie le plus possible à son objet, force en acte et qu'il se maîtrise par son application et ses efforts. Celui-ci encore est comme un œil plongé dans la nuit ou privé de tout objet visible ; celui-là est comparable à un regard baigné de lumière et toujours grand ouvert, au soleil lui-même, source du visible [2].

Il en résulte qu'à bon droit cette parole sacrée s'applique à l'insensé : « Il a les yeux ouverts et ne voit pas, les oreilles tendues et n'entend pas, il a un cœur et ne comprend pas » [3], il ne pense à rien qui lui soit utile. Le sage, par contre, est regard lucide, oreille attentive, cœur disposé à s'instruire, ne comprenant, ne saisissant, n'intériorisant que ce qui achemine

1. *Ecclésiaste*, 10, 8.

2. L'assimilation de l'œil au soleil est certes anachronique, depuis qu'Alhazen (XIe siècle) a établi que l'irradiation lumineuse s'effectuait non pas de l'œil à l'objet mais de l'objet à l'œil. La thèse de la réciprocation de l'origine ne cesse pourtant de hanter spirituels et artistes ; au XVIIe siècle encore, Georges de La Tour fait fuser la lumière du regard de Jésus et de celui de Joseph plutôt que de la flamme de la chandelle qu'occulte la main de l'enfant (*Saint Joseph Charpentier*, Musée du Louvre).

3. *Jérémie*, 5, 21.

à l'immortalité. En outre, de même que le sage est quelque chose et quelque chose, homme encore et toujours, de même l'insensé est quelque chose et rien, il est homme et ne l'est pas. L'un et l'autre en vérité sont quelque chose du fait de la nature et de l'être : un homme naturel et réel. Seul cependant le sage, par l'accomplissement d'activités culturelles, double son humanité naturelle d'une humanité morale et finit par devenir homme par nature et volonté conjointes ; l'insensé, en revanche, flétri par sa torpeur, se contente de réaliser, sans aucune vertu, l'homme naturel et ne se soucie de parer l'être originel d'aucun apport culturel. Il en résulte donc que méritent d'être écrites sur le sage et l'insensé les paroles sacrées qui suivent : « Il sera donné à celui qui a déjà et celui-ci sera dans l'abondance, tandis qu'à celui qui n'a pas il sera enlevé même ce qu'il a »[1]. Le sage a reçu en effet de la nature le don de l'homme substantiel, à la fécondité duquel il a dû d'engendrer l'homme de culture. L'insensé en revanche a emprunté à la nature une humanité substantielle toute semblable, mais il ne brille de l'éclat d'aucune vertu. En conséquence, cet homme est dit, à juste titre, avoir sans posséder, tandis que celui-là est dit avoir en possédant. L'insensé n'a qu'une manière d'être, qui est appelée humanité naturelle ou si l'on veut arrhes versées par la nature, sans autre bénéfice. Le sage, lui, a deux | manières d'être : les arrhes versées par la nature et le béné- **123v.** fice qu'il prouve détenir en propre à bon droit. Celui donc qui unit ces deux manières d'être, c'est-à-dire qui tient ensemble l'homme de nature et l'homme de culture, reçoit de Dieu la faveur de l'immortalité et devient l'un et l'autre homme : tant

1. *Matthieu*, 13, 12.

celui qui emprunte à la nature que celui qui fait naître du naturel la véritable, propre et particulière possession de soi. Mais celui qui ne tient pas de lui-même l'homme cultivé et parfait, est privé aussi de ce qui est don de Dieu; les saintes Écritures disent en effet que l'homme naturel qui est en lui doit être jeté dans les ténèbres extérieures [1].

CHAPITRE VIII
PROGRÈS ET BÉNÉFICE DU SAGE

Le sage qui afferme l'humanité terrienne, qu'il a reçue de la nature, la cultive selon ses forces. Il en fait naître l'homme céleste; il mendie auprès de la nuit pour en obtenir la lumière, auprès de la puissance pour en obtenir l'acte, auprès du principe pour en obtenir la fin, auprès de la force en germe pour en tirer l'œuvre, auprès de la nature pour en tirer l'intelligence, auprès du commencement pour en tirer la perfection, auprès de la partie pour en tirer le tout, enfin auprès de la semence pour en tirer le fruit [2]. En ce domaine en effet, il imite le célèbre Prométhée [3] qui, comme le chantent les fables des poètes, ayant eu accès un jour, permission des dieux ou ruse de son intelligence, aux demeures divines, après avoir visité avec la plus grande attention tous les palais du ciel, ne

---

1. *Matthieu*, 25, 30.

2. La transmutation alchimique prend ici une signification toute spirituelle.

3. Figure emblématique à l'époque pour symboliser l'auto-production de l'homme; voir R. Trousson, *Le thème de Prométhée dans la littérature européenne*, 1964.

trouva rien en eux de plus saint, de plus précieux et de plus vivant que le feu. Aussitôt dérobé ce feu, dont les dieux s'ingéniaient à priver jalousement les mortels, il l'introduisit sur notre globe pour animer l'homme de limon qu'il avait auparavant modelé. De même, le sage abandonnant le monde sensible par la force de la contemplation et pénétrant dans le royaume du ciel, après y avoir recueilli, au giron immortel de son esprit, le feu très clair de la sagesse, le porte au monde d'en bas et cette flamme pure et très vivante vivifie, réchauffe et anime l'homme naturel et terrestre qui est en lui.

Le sage pondère les dons de la nature par l'homme de culture, se conquiert lui-même, se maîtrise et demeure à lui-même. L'insensé par contre a vainement reçu de la nature l'homme terrestre, charnel et substantiel, vu qu'en lui rien ne se montre digne de l'immortalité, qu'il ne fait aucun effort pour conquérir la béatitude, qu'ingrat envers sa mère nature il reste continuellement en dette vis-à-vis d'elle, obéré par l'homme substantiel et jamais maître de soi.

Le sage s'est dédoublé lui-même par la pensée; il est fait, comme on dit, de deux hommes : l'homme de la nature, vivant au plan des sens, l'homme de la vertu, vivant au plan de l'intelligence. Jamais il ne manque à lui-même, jamais il ne se sépare de soi, seul il peut se recueillir en lui-même, seul immédiatement miroir de soi; lui-même il se comprend, sur lui-même il tourne circulairement, il demeure par lui-même immuablement attaché à l'homme de culture; il habite en même temps le monde sensible et le monde intelligible. En effet, en son corps, il vit sur terre avec les bêtes brutes, mais en son âme il creuse le firmament pour habiter les demeures du ciel. Il ne médite que sur les réalités intelligibles, ne connaît que ce qui est immortel et toujours semblable à soi :

> Né, en vérité, comme chante le poète Bigi [1], pour les joies de la cour céleste, jamais l'esprit ne sera en repos en son séjour terrestre. Le sage doit voler jusqu'aux cités d'en haut, s'il veut se rassasier à pleine gorge.

Le sage ne désire le sensible qu'à la hâte et en passant, dans la mesure exactement où il est revêtu de l'habit du corps. En effet l'esprit n'est nourri et vivifié que de ce qui, dépourvu de corps et de matière, lui vient des demeures d'en haut par quelque sainte inspiration.

Au contraire, comme pour lui rien n'est un, ni identique à soi, ni déterminé, ni stable, comme il se complaît dans le changement, la division et la subversion, et qu'il méprise la claire, avisée et lucide vertu, l'insensé prend pour guide la Fortune aveugle et imprévoyante et la vénère comme une déesse placée au faîte du ciel ; sur la roue instable de celle-ci, il est mené à hue et à dia, précipité dans les ornières, les fossés et les pentes abruptes des vices, jamais maître de soi. Séduit par toute chose, il est à la merci de l'évènement imprévu ; incapable de se fixer, il n'a pas davantage la possibilité de revenir à lui.

Le propre du sage en revanche est de faire, avec succès, effort, recueillement et oraison pour être en union intime avec le Dieu créateur. En effet il a triomphé avec beaucoup de force de l'excitant aiguillon des tentations charnelles et il ne peut

---

1. Luigi Bigi (Ludovicus Pictorius Bigus), poète néo-latin (1454-1520), originaire de Ferrare, a donné les *Opuscula christiana*, à Modène en 1498, ouvrage réédité à Strasbourg en 1509 par Beatus Rhenanus, un disciple de Lefèvre d'Etaples. Ici livre III, vers 37-38, 35-36.

être diverti par aucune contrainte, ni perdre la maîtrise de soi. Il a appris à piétiner la fortune et à ne pas blêmir pour elle. Rempli d'une lumière intérieure, il a le sens des biens véritables et impérissables ; il place en eux un joyeux et ferme espoir ; il s'en félicite sans cesse. Il ne peut se sentir seul ou abandonné, quand il a avec lui-même une si riche conversation. Au milieu du grouillement et des sauvages débordements des passions mondaines, pondérant son affectivité de la tare d'une éclatante vertu, il demeure dans le meilleur, le plus calme et le plus imperturbable état d'esprit.

Le sage est un homme qui mérite d'être célébré comme un petit monde, fils de ce grand monde qu'est l'univers ; seul en effet le sage s'est composé, développé et accompli à l'imitation du grand monde ; seul il peut imiter la nature, seul il conserve toutes ses parties en accord et proportion avec celles de la nature. Le sage mérite certes d'être appelé non seulement | le petit, mais aussi l'autre grand monde [1], puisque, le livre *De* **124r.** *l'entendement* [2] l'a montré, l'esprit du sage est vaste comme le monde et sa mémoire ornée et remplie d'autant de notions que nous voyons de choses dans l'univers. L'esprit de l'insensé, en revanche, toujours vide, vain, oisif et indécis, jamais ne s'élève jusqu'au grand monde, jamais n'est son égal ni son émule, jamais ne s'accomplit dans une science qui a pourtant vocation d'embrasser l'univers.

1. Pour l'inversion du « petit monde » en « grand monde », il conviendrait de citer Origène (*Homélies sur le Lévitique* 5, 2), Grégoire de Nazianze (*Discours 38*, dans *Theophania*, c. II, P.G. XXXVI, p. 324A), Jacques d'Edesse (*Hexameron*, trad. lat. Vaschalde, p. 244) et enfin Marsile Ficin (*Théologie platonicienne des âmes*, VI, 2, trad. fr. R. Marcel, I, p. 227).

2. *De intellectu*, éd. cit., chap. XII, § 9, p. 16.

CHAPITRE IX

AUTRES COMPARAISONS ENTRE LE SAGE ET L'INSENSÉ
TIRÉES DE LA NATURE DU MIROIR

La nature d'un miroir[1] parfait est d'être uni, plane, lisse, homogène, d'un seul tenant, éclatant et lumineux du moins sur l'une de ses faces; de sorte que l'œil situé à quelque distance se pénètre, s'imprègne de tous les simulacres[2] qui en lui se sont fixés et les contemple. Pour qu'il en résulte une vision vraiment parfaite, il faut que soient voués l'un à l'autre et tendus l'un vers l'autre, l'œil et le miroir, l'acte de regarder et la puissance qui donne, l'écran d'aucun corps ne devant couper, séparer, disjoindre cet acte de la puissance, ni l'œil du miroir. Ainsi en sera-t-il très probablement si l'œil est si proche du miroir, qu'ils soient comme unis et liés en une seule substance : l'œil alors ne peut jamais être dissocié du miroir ni le miroir de l'œil et l'œil est toujours en vue du miroir regardant les objets qu'il lui présente.

À partir de cette analogie, apprends à saisir et à pénétrer la pensée du sage. Bien que celui-ci en effet soit un en son être et en sa substance indivise, nous avons démontré ailleurs[3] qu'il était pour une part semblable à l'œil et pour une autre au miroir. La part qui est semblable à l'œil est l'acte de l'esprit

1. Le miroir de vérité est depuis trois siècles le symbole de la connaissance; lire Jurgis Baltrusaitis, *Le miroir*, 1978.

2. Le terme *species* désigne les simulacres ou espèces qui selon la tradition épicurienne, émaneraient des objets pour atteindre l'œil, acheminant jusqu'au *sensorium*, organe central de la vision, les informations émises par le donné sensible. Bovelles imagine que le rayon lumineux guide la trajectoire des espèces.

3. *De intellectu*, chap. VI, § 4, p. 9v.

impassible ou intellect agent ; celle qui rivalise avec le miroir est l'intériorité passive par nature, réceptive et capable d'emmagasiner les notions qui par les portes de l'intellect pratique pénètrent dans la chambre de l'esprit, que la mémoire enfin a charge d'offrir à l'intellect spéculatif pour qu'il les contemple sans fin.

Appelle donc l'intellect agent œil de l'esprit, mais dis que l'intellect possible en est le miroir[1]. De cette manière, l'œil et le miroir de l'esprit s'approchent tellement l'un de l'autre qu'ils constituent la substance indivise d'un seul esprit, qu'ils sont immédiatement présents l'un à l'autre, qu'aucun écran ne s'interpose entre eux, ni ne contrarie leur face à face. Le miroir de l'esprit, c'est-à-dire la mémoire, est homogène, uni, d'un seul tenant, lisse, rayonnant et sensible à la lumière intellectuelle ; en sa solidité, il ne souffre pas que les images qu'il enregistre s'engloutissent dans les profondeurs abyssales de l'oubli ou du néant, mais il les retient toutes à sa surface et les offre à l'œil de l'esprit.

Si tu veux développer l'analogie en sa fécondité, comprends de suite ce que l'œil de l'esprit aperçoit principalement dans son propre miroir, quelle est cette image ou forme si forte, que la mémoire s'efforce d'offrir en contemplation à l'intellect spéculatif. En effet si l'œil physique et le miroir physique doivent être placés vis-à-vis dans l'acte d'observation et si la nature du miroir est de ne saisir, n'absorber et ne recueillir que l'image, de ce qui lui est opposé en diagonale et qui est distribué à bonne distance, ce dont il faut recueillir le reflet dans le miroir ne sera rien d'autre que l'œil lui-même qui est distant du miroir de la profondeur de la diagonale et dont

1. *Ibid.*, chap. VI, § 4, p. 9v.

le simulacre se propage de l'œil au miroir le long de cette diagonale. Le premier reflet, destiné à être reçu dans le miroir, est l'image et le simulacre de l'œil. L'œil ne peut rien voir de plus remarquable dans le miroir que son propre simulacre. Aussi la vue véritable et la plus forte est celle qui a l'œil même pour objet. Le même œil, qui projette et qui darde son simulacre sur le miroir, se réjouit de se voir dans le reflet offert par le miroir.

Tiens maintenant le même langage sur la contemplation du sage. Je dirai qu'elle n'est rien d'autre que l'intuition continuelle de soi-même et de son propre reflet au miroir de l'esprit. En effet quoique l'œil de l'âme et le miroir de l'esprit soient unis substantiellement, cependant ils sont distants l'un de l'autre, comme le montre l'*Ars oppositorum* [1], d'une diagonale spirituelle ; en effet cet intervalle idéal les dispose vis-à-vis, comme des opposés qui se regardent, et les place de part et d'autre de la diagonale. Donc le principal simulacre, qui resplendit au miroir de l'esprit, c'est-à-dire à la mémoire, est celui de l'œil de l'âme, c'est-à-dire de l'intellect agent, et cette

124v. forme se rend de | l'intellect agent à la mémoire selon le droit intervalle. Aussi l'intellect agent est-il connaissance de soi, tandis qu'il répand son image dans la mémoire et puis se réjouit de l'en voir revenir. Et cette connaissance de soi, secrète et sans chemin, fait le bonheur du sage, en lui donnant l'espoir de l'immortalité et en lui apprenant que rien n'est vraiment bon ni désirable en soi qui demeure hors de l'âme et puisse ne pas nous être toujours présent ou nous être dérobé.

---

1. Chap. V, § 2, p. 83v ; notre édition, p. 72-73. *Dyametrum* désigne en géométrie la diagonale du carré et en théorie de la perspective la distance de l'œil au point de fuite.

CHAPITRE X

AUTRES COMPARAISONS ENTRE LE SAGE ET L'INSENSÉ TIRÉES DES PROPRIÉTÉS DE LA BOUCHE, DE L'ESTOMAC ET DU CŒUR

Le sage encore est semblable à celui qui, prenant la nourriture du corps d'une bouche grand'ouverte, la reçoit et l'enferme en son vaste estomac, de façon à ce qu'elle n'aille pas trop tôt dans le bas-ventre et que, juste passée au filtre du corps, elle ne se refuse pas à lui et qu'elle lui profite, l'alimente et le sustente au maximum. De même qu'en effet la substance alimentaire, avant qu'elle se change en sang et s'ajoute au corps, est offerte aux trois organes suivants : la bouche, l'estomac et le cœur, de même l'espèce intelligible [1], avant qu'elle rassasie et nourrisse l'intelligence du sage, parcourt en son esprit trois étapes : d'abord l'entendement, ensuite la mémoire, enfin la contemplation par laquelle elle est rendue à l'intellect.

Il y a en effet analogie et étroite similitude entre l'entendement et la bouche, la mémoire et l'estomac, la contemplation et le cœur. Bouche et entendement sont les organes externes et les portes naturelles par lesquelles est introduite la nourriture tant physique que spirituelle – celle-ci par l'entendement dans l'esprit, celle-là par la bouche dans le corps. L'estomac et la mémoire sont les organes internes du corps et de l'âme, l'un recueillant l'écoulement des aliments à partir de la bouche, l'autre allant à la rencontre des notions entrées par l'entende-

---

1. L'espèce sensible ou simulacre peut devenir espèce intelligible en passant de la sensibilité à l'intellect par le truchement d'un moyen terme que Bovelles appelle, après Lulle, le sens interne ou encore le sens commun, imagination ou fantaisie. Cf. *De intellectu*, chap. VIII, § 9, p. 12r.

ment pour les réunir, les fixer et les conserver. Il y a correspondance enfin entre le cœur et la contemplation, comme l'atteste
cette raison que l'un cuit, digère et transforme en sang les
aliments introduits par la bouche et recueillis par l'estomac,
tandis que l'autre assimile, range et rend à l'entendement la
notion introduite par l'entendement, recueillie et mise de côté
par la mémoire.

Donc de même que dans l'alimentation du corps la
fonction de la bouche précède celle de l'estomac et que la
quête de l'aliment par le monde précède son absorption et
sa conservation dans le corps, de même que derechef les
fonctions de la bouche et de l'estomac précèdent celles du
cœur et que l'ingestion et la conservation de la nourriture dans
le corps précèdent sa coction, de même, dans l'entretien de
l'âme, l'action de l'entendement est antérieure à celle de la
mémoire, l'entendement et la mémoire remplissant leur
fonction avant que la contemplation exerce la sienne.

Et de même qu'aucun aliment naturel ne peut tomber dans
cette marmite qu'est l'estomac sans passer par la bouche, que
rien n'est dans l'estomac qui n'ait été dans la bouche, que rien
enfin n'est cuit à la chaleur du cœur qui n'ait séjourné quelque
temps dans le palais de la bouche et dans le chaudron de la
mémoire : de même il n'est rien dans la mémoire interne qui
ne fût auparavant dans l'entendement externe, rien dans la
contemplation qui ne fût auparavant dans l'entendement et la
mémoire. La bouche ne reçoit la nourriture d'aucun organe
qui la précéderait, elle s'en saisit elle-même avec les dents.
L'estomac tient de la bouche tout ce qu'il contient. Le cœur
enfin [1] doit à l'un et à l'autre, bouche et estomac, ce qu'il brûle

1. *Liber cordis*, Samarobrinae, 1519, l. I, fol. 10v.

et digère. Induisons de cela aux organes de l'âme : l'entendement ne reçoit la forme intelligible d'aucune partie de l'âme qui l'ait prévenu, la mémoire est remplie et imprégnée de cette même forme à partir du seul entendement, la contemplation ne procède que de l'un et de l'autre, entendement et mémoire. De même que trois fonctions concourent à la nourriture du corps, de même de trois fonctions analogues l'âme obtient son aliment, s'en repaît et s'en nourrit. Ces trois fonctions du corps et de l'âme sont désignées au moyen de cette série de mots : d'abord par aucun c'est-à-dire par soi ; ensuite par un seul, le premier ; enfin par l'un et l'autre, le premier et le second.

Les trois fonctions de nutrition du corps et de l'âme

Bouche	Estomac	Cœur
Ingestion de l'aliment	Conservation	Coction
Entendement	Mémoire	Contemplation
Réception de la notion	Fixation	Représentation
Première phase	Deuxième phase	Troisième phase
Par soi	Par le premier	Par l'un et l'autre
Au moyen d'aucun	Au moyen d'un seul	Au moyen des deux

Il en résulte qu'à l'opposé du sage, l'insensé est perçu comme très semblable à une bouche, auquel aucun estomac ne ferait suite, ou à un entendement sans fond et privé de mémoire. En effet les nourritures invisibles de l'âme ne s'écoulent, par le moyen de l'entendement, | pas autrement que l'aliment visible **125r.** saisi par la bouche est roulé promptement vers l'intérieur du corps. De même que la nourriture du corps, dès qu'elle est arrachée au dehors et prise par les mâchoires, ne s'attarde pas dans le palais, mais se précipite aussitôt par la pente de la gorge pour descendre plus bas : de même les mets de l'âme, c'est-à-dire les notions, ne souffrent aucun retard dans l'intellect agent qui ne les goûte qu'un instant, les conduisant de suite à la mémoire. Qu'on ôte donc à la bouche le secours de l'estomac : l'aliment pourra être envoyé de celle-ci dans le corps, mais passant à travers le corps, il ne lui paiera aucun tribut et ne lui sera d'aucun profit. Que l'on sépare de même et que l'on disjoigne la mémoire de l'entendement, celui-ci certes puisera peut-être quelque chose du monde et enverra dans l'âme un peu d'aliment spirituel, mais cet entendement manquant du fidèle magasin de la mémoire, la nourriture qu'il aura absorbée se dissipera aussitôt, sans rien nourrir de l'âme ni la pouvoir acheminer à la sagesse.

CHAPITRE XI

COMPARAISON ENTRE LE SAGE, LE SOLEIL ET LES PLANÈTES

Le sage imite en particulier le soleil. De même que le soleil cosmique est placé au milieu des planètes errantes et qu'il se meut sans cesse sans jamais cesser d'être au milieu d'elles ni s'écarter de son parcours continu le long de l'écliptique : de même, tant qu'il est guidé par son soleil, la raison, et qu'il accepte que la raison le guide en toutes choses, le sage marche avec assurance au milieu du chemin, sans jamais divaguer ni buter contre les écueils [1].

---

1. Le passage de la métaphore du cœur à celle du soleil relève d'une symbolique déjà classique ; ainsi on lit chez Ficin : « Si le centre divin possède dans quelque partie de l'univers un siège d'opération imaginaire ou invisible, il règne de préférence au milieu des êtres, comme un roi au milieu de la cité, comme le cœur presque au milieu du corps, comme le soleil au milieu

Si en effet l'homme est un petit monde, il convient qu'il soit guidé et éclairé par autant de lumières et de lampes que nous voyons le grand monde briller et étinceler de luminaires. Or la nature a allumé dans le grand monde sept luminaires, grâce auxquels elle a voulu le gouverner et le régler : deux plus grands, le soleil et la lune, l'un commandant au jour et l'autre à la nuit, et cinq plus petits, Saturne, Jupiter, Mars, Vénus, Mercure. Au milieu de tous, elle a placé le soleil auquel elle a commandé de fournir la lumière aux autres et de régner sur eux, afin que, marchant toujours au milieu, il mesure et calcule en une juste balance les écarts compensés des petites planètes. Sont donc au même nombre de sept les lumières de même rang et de même fonction données par la nature à l'homme, la nature en mère généreuse n'ayant pas orné, paré, doué de moins de lumignons et de lanternes le fils, c'est-à-dire le petit monde, qu'elle n'en avait auparavant doté le père.

Or est lampe du petit monde toute faculté de le connaître et de le contempler, qui se divise d'abord selon qu'elle a pour objet la matière ou l'esprit. La connaissance de la matière, comme l'a enseigné le livre *Du sentiment*[1], se décompose en six : le toucher, le goût, l'odorat, la vue, l'ouïe et l'imagination. En effet l'imagination, quoiqu'elle soit un sens interne, moins manifeste que les sens externes, et quoiqu'elle soit au-dessus d'eux, s'exerce pourtant dans la machine du corps à savoir dans le cerveau et, faite pour obéir à la raison, respecte cette régente et arbitre placée au-dessus d'elle. La connaissance immatérielle de l'homme est l'œil de la raison, qui plus

des planètes » (*Théologie platonicienne des âmes*, t. III, l. XVIII, trad. Marcel, p. 191).

1. *De sensu*, epistola dedicatoria, éd. cit., p. 21 et chap. XXXI, p. 52v.

profondément caché que tous les sens, n'est tributaire du corps
en aucune de ses fonctions, ni n'est fait pour regarder et
contempler aucune des choses qui se trouvent dans le monde
ou dans le corps ; son regard se borne aux profondeurs de l'âme
et à son infranchissable enceinte.

Les yeux matériels de l'homme corporel, errant en tous
sens, sont par nature portés à aller d'un extrême à l'autre.
Tantôt en effet ils s'élèvent au-dessus de l'horizon et regardent
vers le haut, tantôt ils s'abaissent en dessous et sont entraînés
vers le bas. La connaissance immatérielle qui est le propre de
l'esprit, la raison ignée, marche toujours au milieu, guidant,
ordonnant et distribuant les autres. Elle est aussi leur lumière et
leur nombre, tout comme le soleil pour les planètes mineures.
De même que trois planètes sont au-dessus du soleil et trois en
dessous, de même trois des servantes et esclaves de la raison,
comme nous l'avons enseigné [1] ailleurs, l'imagination, l'ouïe
et la vue sont par leur nature même poussées vers le haut et
élevées au-dessus du milieu. Supérieurs à tous les autres, ce
sont en effet ces sens qui gouvernent ; aussi les appelle-t-on les
juges, les arbitres et les gardiens de ceux qui leur sont inférieurs. Ceux-ci, au nombre de trois : l'odorat, le goût et le
toucher ont l'habitude de se mouvoir en dessous du milieu ; de
même que les trois premiers donnent à l'âme sa pâture, de
même ceux-ci consacrent tout leur service et tout leur dévoue-
ment à l'alimentation et à l'entretien du corps. Les trois supérieurs sont dits libéraux et nobles ; les trois inférieurs vulgaires,
bas et serviles.

125v. | Ces deux triades sensibles, l'une gagnant les hauteurs et les
sommets, l'autre tendant vers les bas-fonds, la raison médiane

1. *Ibid.*, p. 53r.

et toujours égale à elle-même, les relie en une monade sans parties et, se présentant toujours de même façon, les attache et les fixe, autant que faire se peut, en leur milieu ; elle tempère l'une et l'autre, de façon à ce que ne soit déchirée ni partagée par quelque réalisation trop ambitieuse cette substance de l'homme, à l'unité, à l'intégrité et à la tranquillité de laquelle, elle veille et pourvoit au mieux, en bon agent de cohésion.

Il en résulte que de la région de la seule raison naît et s'élève toute vertu qui consiste à se tenir dans le juste milieu, tandis que des sens supérieurs comme inférieurs jaillit tout vice, en excès ou en défaut, en plus ou en moins.

Tableau de la similitude des planètes et des connaissances humaines

Saturne	Jupiter	Mars	Soleil	Venus	Mercure	Lune
Imagination	Ouïe	Vue	Raison	Odorat	Goût	Toucher

Trois sens supérieurs	Juste milieu	Trois sens inférieurs
Libéraux et nobles	Neutre	Grossiers et serviles
Au service de l'esprit	Autonome	Asservis au corps
Visant les hauteurs	Tenant le milieu	Tendant aux bas-fonds
Vice par excès	Vertu	Vice par défaut

Tels sont les sept flambeaux dont brille le petit monde et qui l'accordent au grand. Toutes choses sont transmises du grand au petit monde par les mêmes entrées et accès. Par ces sept portes, le grand monde tout entier coule et tombe dans le petit pour que ce dernier lui soit conforme et semblable. En ces planètes enfin réside toute la vertu et sagesse de l'homme, à condition que celui-ci conserve, sans rien changer à leur ordre naturel, la stricte proportion de chacun de ses yeux.

En effet aussi longtemps que la raison tiendra la barre, l'homme gardera sérénité et tranquillité d'âme, échappera aux

tentations des sens et aux séductions de la chair, sera ramené
des extrémités vers le milieu par la lumineuse splendeur d'une
raison qui brille dans les ténèbres comme son soleil propre,
évitera l'excès et le défaut, sera à lui et maître de lui et jouira de
lui-même continuellement. La raison est en effet comparable à
la mère de famille qui pourvoit avec beaucoup de sagesse aux
soins du corps et de la demeure, aidée par les six servantes des
sens auxquelles elle commande judicieusement, n'accomplissant rien en vain et sans raison, prévoyant toutes choses,
menant à bien ce qui est utile, beau, honorable, évitant ce qui
est honteux et laid. Tant que les rênes lui sont laissées, tant
qu'elle commande et prescrit à l'homme, elle dispose en lui
toutes choses comme il le faut et finit par l'élever de la terre
jusqu'aux astres.

De même que la présence du soleil dans le grand monde
dissipe les ténèbres, déchire les nuages et triomphe des
tempêtes qui menaçaient, de même la raison, qui règle tout
dans le petit monde, chasse bientôt les ténèbres de l'erreur, met
en déroute les nuées et les ombres des passions, maîtrise les
ruineuses impulsions du désir. Tout le temps que la raison fait
défaut, lumière, sagesse et vertu abandonnent l'homme à la
nuit noire et aux nuées. Une sensualité de courtisane dévore la
beauté de l'homme, le déchire, le met en pièces et le fait périr
après l'avoir plongé dans les ténèbres.

CHAPITRE XII

DE LA FERMETÉ ET DES VRAIS BIENS DU SAGE

Le sage vit ferme et inébranlable. L'activité qui lui est
propre et lui importe essentiellement, la contemplation,

suppose qu'il soit à distance du monde, de son corps, hors du temps, du lieu, de la matière. Assurément le domaine de la contemplation ne peut en retour être troublé par aucun nuage, vent ni ouragan ; le jour n'y alterne pas avec la nuit, mais la blanche clarté d'une lumière spirituelle et invisible y règne sans fin.

En effet, puisque toutes choses ont trois positions, trois actualisations possibles et trois lieux : le monde, le corps et l'âme (tous les biens de l'homme sont dans le monde, dans le corps ou dans l'âme, selon qu'ils sont en puissance, dans le sujet ou dans leur lieu propre), les vrais et propres biens du sage ne sont ni dans le monde, ni dans le corps, mais cachés, fixés, enfouis dans l'âme ; se les appropriant par l'acte d'une contemplation continue, sereine et sans trouble, le sage les goûte et voit sans cesse, puisqu'ils sont à lui. De cette terre de mort et de ténèbres, grâce à la complaisance de son corps et à la soumission de ses sens, il transporte pour son bonheur tout ce qu'il s'est approprié aux antipodes lumineux, immortels, spirituels et invisibles de son âme, c'est-à-dire en une terre située à l'opposé de cette terre.

Il en résulte que ce n'est pas sans raison qu'au sage seul s'adresse la laconique sentence que Bias de Priene aurait, dit-on, donné en réponse à ceux qui tentaient de le convaincre d'emporter tous ses biens de la ville : « Je porte sur moi tous mes biens ». En effet le sage a tous ses biens dans les possibilités | de son âme, c'est-à-dire dans son intellect possible, ou **126r.** si l'on veut, dans sa mémoire intellectuelle, qui est le magasin de toutes les formes intellectuelles, le vivier de toutes les vertus et le séjour secret de toutes les sciences. Les impérissables trésors du sage qui y sont placés sont, dit la Sainte

Écriture[1], à l'abri de la vermine, des parasites, de la rouille, de la corruption et des injustes exactions. Ils ne sont pas à la merci de la roue changeante de la Fortune, ils survivent au temps qui passe et demeurent sans fin dans une âme saine, sauve et hors de toute atteinte.

CHAPITRE XIII

DE L'IMMORTALITÉ DE L'ÂME

Il en résulte, qu'à propos du sage, ce n'est pas sans de très justes raisons qu'il arrive qu'on énonce ce mot de la Sainte Écriture : « Ses biens sont établis dans le Seigneur »[2]. Et encore : « Son âme est dans les mains de Dieu ; la crainte de la mort ne le touche pas »[3]. Si en effet l'intellect possible est inséparable de l'intellect agent, toute la substance de l'âme est connue pour être sans parties, indivisible, donc immortelle, reposant continuellement – dans son corps comme hors de son corps – sur ses deux pôles, l'acte et la puissance. Entre l'intellect agent et l'intellect possible, il ne peut y avoir, comme nous l'avons dit[4], aucune béance, par laquelle la spéculation de l'agent, c'est-à-dire l'action propre de l'âme, et la contemplation seraient disjointes, séparées, écartées l'une de l'autre. L'intellect agent cultive donc avec zèle l'intellect patient, comme la terre soumise à son labour, puissance latente d'une même nature, immatérielle, toujours présente, insépa-

---

1. *Matthieu*, 6, 20.
2. *Ecclésiastique*, 31, 11.
3. *Sagesse*, 3, 1.
4. *Supra*, chap. IX.

rable, immortelle, consubstantielle enfin à lui-même. Il lui confie, comme à la gardienne naturellement fidèle de ses biens, tout ce qu'il arrache au monde, et dirige jusqu'à elle toutes les connaissances, dont il doit se nourrir pour l'éternité.

Cette contemplation est l'acte en lequel l'esprit s'accomplit, la plus authentique et la plus célébrée des actions de l'âme immortelle, à laquelle seuls s'élèvent ceux qui atteignent ce nombre[1] très heureux pour leur âme, où celle-ci peut se dédoubler pour se regarder, s'unir à elle-même, entrer en elle-même et revenir sur elle-même. Elle qui a été, par sa création, engagée dans un processus circulaire, doit raisonnablement, du fait de son origine, se réaliser aussi dans une opération circulaire. Tel est l'espoir inébranlable du sage et tel est son refuge le plus profond où l'on ne saurait l'atteindre ; à cette opération qui met l'âme en joie, au-dessus de tout trouble et de toute dépendance, il se fie tout entier ; en elle, sans plus être astreint ni au monde ni à son corps, il possède toutes choses. Comme c'est en lui-même, c'est-à-dire en son âme, qu'il détient toutes choses, il ne fait aucun cas de ce qui est dans son corps ou dans le monde.

Le monde peut en effet être disjoint de l'homme et le corps semblablement de l'âme ; l'âme en revanche est inséparable de soi et indivisible, autrement dit l'intellect patient (ou passible) ne peut être disjoint de l'intellect agent (ou impassible). La sensation relève du temps, elle est ressentie par l'âme dans le monde et à propos du monde ; l'imagination aussi est soumise au temps et précaire, car c'est dans le corps que l'âme la produit. La contemplation seule est continue et éternelle, elle

---

1. *De duodecim numeris*, chap. V, éd. cit., p. 158.

qui est produite par l'âme dans l'âme même, par l'intellect agent, dis-je, dans l'intellect patient.

L'esprit dispose en effet, comme nous l'avons enseigné dans le livre *Du sentiment*[1], de deux modes de connaissance matérielle : l'imagination et le sens externe. Celle-là est simple, celui-ci se partage en cinq ; celle-là s'effectue à l'intérieur du corps, ceux-ci vont par le monde et y font leurs affaires. La connaissance immatérielle est tantôt considérée comme une, tantôt comme triple. En effet la plupart des gens appellent toute connaissance immatérielle ou portant sur des êtres immatériels et invisibles du seul nom d'entendement. Nous en revanche, les êtres immatériels, invisibles, immortels et éternels étant au nombre de trois, Dieu, l'ange et l'âme, nous mesurons de quelque manière aux objets mêmes les connaissances et puissances de l'âme et divisons en trois la connaissance immatérielle de l'âme, appelant raison celle par laquelle elle vient au-devant d'elle-même et se rend présente à elle-même, entendement celle par laquelle elle prend part à la connaissance angélique[2], participation à l'esprit celle enfin par laquelle une petite étincelle de la divinité scintille et jaillit dans les ténèbres[3].

C'est pourquoi bien que toute connaissance immatérielle soit contemplation, il est manifeste que celle-ci est triple ; portant sur les trois êtres supérieurs du monde, elle est observation éternelle et immortelle de Dieu, de l'ange, de l'âme. Il

1. *De sensu*, epistola dedicatoria, éd. cit., p. 21.

2. Pour la distinction *ratio intellectus*, voir *In artem oppositorum*, introductio, Paris, 1501.

3. Le jeu de nos facultés – raison, entendement, esprit – figure l'immanence et la procession des personnes divines ; *cf.* Augustin, *De Trinitate*, XV, XX, 39.

n'y a de doute que l'âme du sage s'accomplisse heureusement dans le nombre de son principe, c'est-à-dire dans la trinité.

Dieu	Ange	Âme	Corps	Monde
Esprit	Entendement	Raison	Imagination	Sensibilité
Trois immatérielles			Deux corporelles	
Trois éternelles			Deux temporelles	
Triple contemplation du sage			Double dépendance	

| Et cette même âme, en accord et harmonie avec la loi qui **126v.** règle plantes et arbres selon une triple poussée à partir de la matière et une triple production – feuilles, fleurs et fruits – finit par parvenir à la félicité. La conscience de soi est feuille de l'âme, la connaissance angélique en est la fleur, la science divine le fruit. Grâce à elles, l'âme, aux trois rejetons, sonde les cieux ; grâce à elles, le sage, aux trois têtes, s'arrache à son corps et au monde sensible et devient plus grand que le firmament. Si par une de ses têtes, il est continuellement présent à soi, par une autre il est associé au chœur des anges, par une troisième il s'élève à la vision de la divinité.

·

Chapitre XIV
De la résurrection du corps et de son immortalité

Non seulement la substance entière de l'âme est immortelle, non seulement la contemplation ne connaît pas de cesse, mais une des conséquences de l'immortalité de l'âme est d'abord la conservation de l'être humain tout entier, ensuite la reprise des connaissances matérielles (sensation et imagination). En effet, si la nature de l'âme est d'être dans le corps et si toute la force et la fin de l'âme est d'être l'acte et l'opération de ce corps, il est nécessaire que l'âme, qui s'en est allée hors du corps contrairement à sa nature, soit par le premier principe de toutes choses invitée à faire retour à sa nature propre, qu'elle soit rendue à son corps et développe à nouveau ses forces physiques dans le commerce du monde et du corps : dans le monde la sensation, dans le corps l'imagination [1].

Si en effet nous ne nions pas que la matière, qui est presque un non-être, mais qui est le substrat et comme la base de tous les êtres, soit immortelle, mais si nous convenons [2] que (quoique créée) elle est sans fin, inengendrable, impérissable, et si nous affirmons qu'elle est immuable aussi, toujours la même, achevée dès le commencement, subsistant maintenant tout entière et devant tout entière toujours subsister, sans pouvoir ni augmenter ni diminuer, mise en œuvre dans la génération, quittée dans la corruption, de sorte que rien d'elle jamais ne périt : combien plus haut devrons-nous proclamer la perpétuité et l'immortalité de l'âme raisonnable, quand on sait que, pour en soutenir une seule dans l'orbe sensible, toute la masse de la matière a été dès l'origine suspendue à la pensée divine créatrice de toutes choses !

L'âme raisonnable est en effet l'acte le plus élevé et le plus prégnant de la matière, sa fin naturelle comme celle de tous les processus et accomplissements temporels qui s'effectuent en elle, un acte intimement lié à celui qui, effectué le premier en dehors de la matière, est fait pour subsister et que nous désignons comme les prémices de toute l'œuvre divine, l'acte premier ou la première créature. Cet acte est l'ange, c'est-à-dire celui qui, toujours auprès du Dieu créateur, est conti-

---

1. La résurrection de la chair est inscrite dans la nature des choses.
2. *De nihilo*, chap. I, p. 63v-64r ; notre édition, p. 41-45.

nuellement sous son regard, celui encore dont l'Écriture[1] dit
que l'âme raisonnable est à peine une diminution et qui, selon
le saint Aréopagite[2], est l'intelligence la plus haute rendant
constamment grâce à Dieu et célébrant sans cesse ses joyeuses
louanges.

Si donc il y a un acte de cette matière, en lequel la matière
incorruptible conserve toujours le même mode et persévère en
s'appuyant sur cette même immutabilité de la substance, ce
sera l'œuvre suprême, principale, la plus belle et la plus
excellente de la matière, soumise par la nature à cette même loi
d'immortalité, comme le lieu naturel d'un acte si élevé et
d'une forme si grande ou comme son domicile propre et véritable. Immortelle est donc la matière[3], immortel aussi cet acte
dont elle est le théâtre, l'âme raisonnable ; l'ouvrage même que
Dieu a tiré de la matière, nous voulons dire le corps humain,
Dieu doit le ressusciter et il sera immortel. Et non seulement le
corps humain à cause de l'âme, mais le monde lui-même à
cause du corps humain[4] dont il est le véritable séjour, l'Écriture, en maints endroits[5], atteste que Dieu doit les ressusciter
pour toujours.

Il s'ensuit que l'insensé est misérable et voué à un destin
contraire, lui qui place tous ses biens dans le monde et le corps,
rien dans l'âme, ni dans les anges, ni en Dieu. Ses biens en effet

1. *Psaumes*, 8, 6 ; *Hébreux*, 2, 7.

2. *La hiérarchie céleste*, VII, 4, 212ab, trad. fr. M. de Gandillac, Paris,
Aubier, 1943, p. 211.

3. L'immortalité de la matière est l'implication du retour de toutes choses
en Dieu. Bovelles suit encore ici Scot Erigène.

4. Le monde entier a été sauvé dans le microcosme humain, il doit donc
avec lui ressusciter.

5. *Isaïe*, 65, 17 ; *Pierre*, 3, 13 ; *Apocalypse*, 21, 1.

la rouille les ronge, l'errance les emporte, le temps les dissipe. Cruel ennemi de l'homme, le prince de ce monde est de ce monde le fléau ; il corrompt les éléments, déchaîne les océans, perturbe l'atmosphère, bouleverse toute chose, rend le corps languissant à la moindre rencontre, jusqu'à le pouvoir faire périr après l'avoir soumis à de cruels supplices, pour le passer enfin au van de la mort et, l'ayant réduit en poussière, le résoudre en atomes.

Tout cela rend précaire l'espoir de cet infortuné et le laisse vide, dépourvu de tout, lamentable ; à juste titre s'applique à lui ce mot de l'Écriture : « Voilà l'homme qui n'a pas mis en Dieu sa forteresse, mais se fiait au nombre de ses biens et se faisait fort de sa vanité »[1].

127r. | CHAPITRE XV

L'ESPRIT DU SAGE EST COMME UN BANQUET SANS FIN

« L'espérance du sage est pleine d'immortalité, chante le très sage Salomon[2], et son esprit est comme un banquet sans fin »[3]. Que peut-on dire de plus vrai du sage, que peut-on lui imputer plus justement que ceci : son esprit est continuellement vivifié par une manne spirituelle, nourri d'un aliment divin, abreuvé d'une céleste ambroisie, soutenu par un pain angélique sans jamais connaître la satiété. La nourriture céleste accroît en effet le divin appétit, et encore qu'elle charme continuellement le cœur toujours prêt à l'accueillir,

1. *Psaumes*, 51, 9.
2. *Sagesse*, 3, 4.
3. *Proverbes*, 15, 15.

qui la désire de toutes ses forces, elle ne cesse de susciter en lui une faim et une soif croissantes. Plus on en mange, plus avidement et voluptueusement on la désire; plus l'heureux commensal de Dieu, le voisin des anges, le convive et le compagnon des saints est admis à boire du divin nectar, plus il brûle d'être désaltéré, toujours assoiffé et jamais saturé par ce saint breuvage et plus il désire en être rempli.

La sagesse même le dit d'elle-même dans la Sainte Écriture : « Ceux qui me mangent ont encore faim, ceux qui me boivent ont encore soif. Venez à moi, vous qui me désirez. Ceux qui portent témoignage en ma faveur auront la vie éternelle » [1]. Voilà ce que la sagesse proclame sur les places, ce qu'elle crie dans les oreilles de tous avec son immense trompette. Secouant et éveillant les dormants, elle les incite à désirer. Elle leur annonce l'immortalité et la béatitude, l'amitié de Dieu et la convivialité céleste. Elle dit bien qu'elle n'engendre pas la satiété. Elle révèle qu'elle se donne sans cesse en nourriture sans susciter de dégoût : elle se dit plus douce que le miel, plus désirable que l'or, plus digne d'intérêt que toutes les gemmes et perles précieuses, dispensatrice de tous les biens, éclat de la vertu de Dieu, pur rayonnement de sa lumière, miroir sans tache de sa majesté.

Malheureux est donc l'insensé, qui ne faisant aucun cas de la dignité de la sagesse, semble s'être soumis au honteux esclavage de la fortune aveugle, imprévoyante et capricieuse, et, pour se donner aux lamentables concupiscences, avoir troqué le collier d'or de la sagesse pour le joug de fer de la Fortune. Un homme de cette grossièreté ne réclame que cette alimentation, qui ne le peut rassasier sans dégoût, étrangère qu'elle est à son

---

1. *Ecclésiastique*, 24, 19; 24, 21.

âme, charnelle, matérielle, corruptible et corruptrice du corps.
Qui a voulu en abuser, a tôt fait de pécher contre la nature et
contre lui-même; son excès est désagréable pour le corps,
contraire à la nature, cause de maladies fatales. En effet l'estomac est borné, tandis que les nourritures terrestres surabon-
dent; celles-ci ne doivent être recherchées qu'en proportion de
la capacité de l'estomac. Comme celui-ci finit par être chargé
jusqu'à la nausée, les innombrables réunions de ces mangeurs
et buveurs insensés, collation, déjeuner, dîner, souper, doivent
être l'objet d'incessantes interruptions.

Pour le sage, au contraire, le banquet est continu et éternel;
son cœur est en fête et en joie; son esprit enfin est présence,
plénitude et jouissance de tous les biens. Son intellect passif
est la table dressée pour tous les plaisirs de l'esprit, à la
constante disposition de l'intellect agent, qui y prend place, y
fait bonne chère et y festoie magnifiquement; il s'agit de cette
table même que le poète Bigi [1] célébra en ce distique :

> Table de joie et de délices,
> Ô agapes trois et quatre fois heureuses.

Tel est le riche jardin du cœur, dont le jardinier, je veux
dire l'intellect agent, ne peut s'écarter ni être détourné;
telle est cette terre céleste, je veux dire l'intellect possible, qui
est la mère et la nourrice de biens impérissables, dans lesquels
on peut goûter sans dommage des plaisirs en abondance,
franchir et dépasser la mesure, sans que la verdeur et la saveur
de la plante viennent à manquer, tandis que l'esprit qui s'en
repaît demeure insatiable. Au sortir d'un si joyeux banquet,

---

1. *Christiana opuscula*, l. II, c. 28, vers 19-20, ed. Beati Rhenani, fol. 27r.

l'esprit voit son immense faim et sa soif ardente croître de jour en jour.

Chapitre XVI
La mesure et la continence du sage

Se fixant à lui-même une mesure, le sage est retenu par les liens et les rênes de la raison, de sorte qu'il ne recherche chaque chose que dans la mesure où elle est bonne et désirable. Il apprend en effet à mesurer à la norme de sa puissance intérieure tout objet aimable et s'efforce de se garder en paix au moyen de cette triple égalité, par laquelle, une fois admise la congruence naturelle des extrêmes – la puissance et l'objet – il se contente de proportionner à l'un et à l'autre leur moyen terme, à savoir le désir grâce auquel la puissance peut s'unir à son objet ; il ne désire en effet | pas davantage que ce qu'il croit **127v.** suffire à sa nature. Il n'accueille en lui-même de l'objet extérieur qu'autant que le permet, comme nous l'avons dit, la capacité naturelle de sa puissance intérieure.

Or si l'on dit que ces objets, qui sont presque infinis, sont sans proportion avec les puissances et que ces puissances sont de loin inférieures aux objets, incapables de les contenir tous – la pâture sensible est en effet presque sans limite, l'emportant de bien loin sur les capacités de l'estomac – j'ajoute à l'actif du sage que, se conformant à la nature de la puissance intérieure plutôt qu'à celle de l'objet externe, il ne s'intéresse à celui-ci qu'en fonction de la capacité de celle-là. La Sagesse en effet le prescrit : «Ne regarde pas le vin, quand il brille dans la coupe». Le poète Bigi chante la conduite à suivre : « Si l'amour ou l'orgueil de la vie s'emparent de toi, veille à ce que ton appétit ne soit pas plus grand que ton ventre ».

Le sage doit mesurer à sa capacité intérieure ce qui lui est imposé par les contraintes du corps et ne pas allumer en lui un désir d'objet plus grand que ce que l'utilité et le besoin réclament ou que la capacité intérieure est naturellement susceptible d'accueillir. Chez l'insensé en revanche les trois facteurs, que nous avons étudiés, ne sont pas proportionnés ; charmé par la simple présence ou du moins par l'attrait des objets, qui cependant ne sont désirables qu'occasionnellement et en passant, il s'efforce passionnément de les acquérir et de les accumuler comme s'ils étaient bons en eux-mêmes. De plus, aucun de ces objets n'étant mesuré à la puissance intérieure, l'insensé, tournant le dos à sa capacité propre, n'a pour eux de considération qu'eu égard à leur quantité, tandis qu'il brûle pour eux d'une flamme déraisonnable et qu'il se trouve contraint de les accueillir au-delà de ses capacités naturelles.

En résultent la privation et la gêne, qui sont les compagnons et acolytes de la folie et de la cécité spirituelle. C'est être en effet dans la gêne que d'être privé des biens nécessaires ou de les désirer au-delà de toute mesure ; ainsi lorsque quelque sujet et puissance naturelle est privé de son objet propre, pour n'avoir pas obtenu des biens qui lui reviennent par nature, ou lorsque l'objet et les biens naturels suscitent, attirent, enflamment une convoitise effrénée.

La gêne naît en effet de deux causes : d'abord du manque des biens nécessaires et naturels, ensuite de l'excès de la convoitise, quand le double désir portant sur le sujet c'est-à-dire sur la puissance, et sur les biens naturels c'est-à-dire sur l'objet, passe la mesure, vu qu'à une puissance limitée et à un objet fini s'attache pourtant une recherche effrénée et que, semblablement, des sujets et des biens naturels limités suscitent une passion indomptable et invincible. Tout d'abord limitée est la capacité de la bouche, puis de l'estomac et du ventre ; de même la masse des aliments, et plus généralement des biens indispensables à la survie, a été déterminée et évaluée avec exactitude par la nature ; pourtant l'énorme appétit des voraces dépasse l'une et l'autre mesure. On se vante d'avoir payé tel prix des perdrix d'importation ; on raconte que Philoxène avait souhaité avoir un gosier plus profond à la manière d'une grue ; on dit que Gnaton le Sicilien, passé maître en gourmandise, avait coutume de cracher dans le plat pour manger plus abondamment des mets dont tous les autres s'abstenaient. On boit tant de cruches et d'amphores de vin qu'on croirait bien que la propagation du genre humain n'a d'autre but que l'épuisement de la vigne. On désire des estomacs toujours plus vastes, comme si c'était pour les remplir que terres et mers étaient sans cesse sillonnées [1]. C'est à croire que toute la prévoyance de la nature suffit à peine à nourrir le genre humain pourtant si peu nombreux par rapport à l'ensemble des vivants.

Les animaux de tout genre, reptiles, poissons, quadrupèdes, oiseaux, font voir cependant combien généreuse est la prévoyance de la nature qui a pourvu surabondamment à la nourriture du corps humain. Contre eux la frénésie des hommes voraces marche sans retenue. En témoignent les plantes de Pythagore [2] et tout ce qui sous le ciel est vivant ou plus exacte

1. Allusion au commerce des épices si développé au XVe siècle qu'il fut à l'origine de bien des découvertes géographiques.
2. Allusion aux prescriptions alimentaires des Pythagoriciens.

ment doué d'une âme; presque tout est converti en aliment pour l'homme. Dieu a mis en effet tous les vivants à la disposition de l'homme, comme il eût fait d'un petit chou, je veux dire de quelque herbe potagère de peu d'importance. Des êtres privés d'âme, nous avons moins coutume de faire notre aliment; le semblable se nourrit du semblable, comme le vivant du vivant et l'animal de l'animé.

CHAPITRE XVII

LE SAGE PRÊTE À CHAQUE CHOSE
L'INTÉRÊT QU'ELLE MÉRITE

Le sage décide de la quête des biens d'après leur valeur et leur excellence; à aucun il n'attribue plus qu'il ne vaut. Désirant pour eux-mêmes les biens éternels, spirituels et véritables, il est porté vers eux tous, d'une volonté qui prime toutes les autres, voyant en eux les buts mêmes de son âme, les vertus susceptibles de l'embellir, ses ornements d'un jour et parures de toujours. Les biens sublunaires, matériels et soumis à la Fortune, il ne les désire qu'accessoirement, d'une volonté seconde, en fonction des besoins occasionnels de son corps.

En effet, comme nous l'avons enseigné dans le livre *Du sentiment*[1], tandis que l'entendement porte sur les extrêmes comme sur les moyens, sur les réalités spirituelles comme sur

128r. | les matérielles, et que les sens ne portent que sur les réalités matérielles et les moyens : ainsi les biens immatériels et intelli-

---

1. *De sensu*, chap. XXXVI, § 2, éd. cit, p. 57v.

gibles de l'âme sont absolument, totalement et partout des
biens, la mesure du bien se trouvant tant dans les extrêmes
que dans le milieu. Les biens du corps, en revanche, qui sont
sensibles et matériels, ne placent la mesure du bien que dans le
milieu; dans les extrêmes on ne trouve que mal et choses à
éviter. N'est bon en ce domaine en effet et ne mérite d'être
choisi que ce qui est ni plus ni moins, tandis que ce qui pèche
par excès ou par défaut est mauvais et doit, sans hésitation, être
évité; dans le domaine du spirituel, par contre, si ce qui est
moyen est bon, le sont également et méritent d'être choisis le
plus et le moins.

Il en résulte que les biens du corps doivent être cueillis non
pas en totalité mais seulement en partie et ne méritent d'être
convoités et recherchés que dans un seul degré et une seule
position, le juste milieu. Ils sont en effet placés entre les
extrêmes qui sont mauvais, comme entre l'excès et le défaut;
si, relativement à ces biens, privés de la lumière de la raison ou
en rupture avec elle, tombant, bon gré mal gré, sous l'effet de
passions enjôleuses, parfois nous péchons, nous offensons la
nature en en changeant la loi et l'enchaînement. Les biens de
l'âme au contraire le sont en toute rencontre et totalement et
doivent être recherchés en tout lieu et dans leurs trois degrés et
positions : au milieu, à droite et à gauche. En effet que nous
nous dirigions vers le milieu, la droite ou la gauche, nulle part
nous ne nous écartons de ce qui est bon et digne de choix, ni ne
péchons, ni n'offensons la nature, mais, en quelque direction
que nous allions, le bien vient à notre devant, ce qui est digne
de choix s'offre à nous, ce qui mérite d'être recherché nous
arrive.

Il en résulte aussi que le bien du corps est ordinaire, jamais total et d'une seule sorte; le bien de l'âme en revanche est précieux, riche, complet, un et triple. L'un ne se trouve, ainsi que nous l'avons dit, que dans une seule position, l'autre dans les trois c'est-à-dire dans toutes les positions. Et pour que nous acquérions et jouissions de ces biens, l'âme doit s'adjoindre le concours des vertus morales, grâce auxquelles la raison étayée et réconfortée, loin d'être vaincue par les sens, en refrène l'élan en les commandant comme a des serviteurs, garde l'homme des mauvais extrêmes et le dirige vers ce qui est mesuré et bon.

Sans la force de caractère en effet, la raison, qui devrait régner sur les sens, est aussitôt mise à bas de son trône, l'homme est dans les ténèbres et son œil intérieur frappé de cécité; ignorant le bien et la mesure, il est entraîné, funeste emportement, par les séductions des sens et de leurs servantes vers les mauvais extrêmes, le plus et le moins. Mais pour que nous goûtions et que nous acquérions les biens de l'âme, même si l'on n'ajoute rien d'autre à celle-ci que l'éclat originel et la lumière de la raison, sans l'aide d'une autre lumière venue du dehors, l'âme elle-même se dirige vers ce qui est bon. En eux, en vérité, pas d'ornières, d'aspérités, ni d'écueils, tout est uni, facile et plane; partout des prairies verdoyantes, semées des fleurs les plus agréables, sans gouffre ni abîme, ni rochers, que l'âme peut parcourir librement, même de nuit et sans autre lumière, sans tomber, ni être engloutie, ni périr. L'aire fangeuse des biens temporels est en revanche difficile, d'un relief tourmenté, coupée ici et là de larges précipices, dans lesquels l'âme sombre, à peine s'écarte-t-elle du milieu, et s'anéantit.

Il en résulte encore que l'âme est plus dégagée, plus libre, moins entravée dans les biens de la pensée que dans ceux de la terre et des sens. En effet au domaine de ceux-là l'homme peut de lui-même, spontanément, sans l'aide d'une lumière étrangère, se porter et s'égayer tranquillement en tout sens, aussi bien vers les extrêmes, qu'au milieu. Sur le terrain de ceux-ci en revanche, il est prescrit de ne pas se porter ni courir sans l'aide des vertus morales ni d'une lumière empruntée à la raison; il faut de plus se tenir au milieu et ne s'en écarter en rien. Le domaine des véritables biens de l'esprit est comme une ligne infinie en ses deux sens, dépourvue d'extrémités, ayant en tout point son milieu, son bien et son optimum ; l'âme qui la parcourt n'est retenue par aucune crainte, ni entravée dans son libre mouvement. Le domaine des biens temporels est en revanche limité, il est coupé d'inégalités de terrain, de hauteurs et de dépressions ; celui qui s'y aventure doit être retenu par la crainte et la vertu morale et doit en tenir le milieu, se gardant des extrêmes qui, en proie à la dissemblance, ne sont ni bons, ni consistants.

Tout cela apparaît plus clairement à partir de ces quelques propositions :

> Les biens de l'homme sont de deux sortes, les uns absolus, les autres relatifs.
>
> Absolus sont les biens de l'esprit, qui sont bons en eux-mêmes.
>
> Relatifs sont les biens des sens, qui sont bons relativement à autre chose.
>
> Les biens de l'esprit le sont en trois sens et en toute circonstance.
>
> Les biens des sens ne le sont que dans le juste milieu, devenant des maux dans les extrêmes.
>
> Dans les biens des sens, il est besoin de la vertu morale, pour nous tenir dans le milieu.
>
> Les biens de l'esprit n'ont pas besoin de vertu morale.
>
> Dans les biens de l'esprit, en effet, bons en toute rencontre, il n'y a pas de chausse-trappes.
>
> La vertu de l'esprit est le propre de l'âme purement et simplement.
>
> La vertu morale est le propre de l'homme tout entier.
>
> Celle-ci en effet sanctionne les traités de paix entre le corps et l'âme.

128v. | Les vertus morales sont les lumières acquises au prix d'un apprentissage soutenu, pour être les aides, soutiens, auxiliaires et flambeaux de l'intuition intellectuelle ; doivent s'efforcer de les tenir en mains ceux qui sont opposés aux coups de dés et aux incertitudes de la Fortune, qui luttent dans l'aire des biens temporels, qui souhaitent en toute sécurité vagabonder et voyager au vallon des voluptés charnelles, de telle sorte que, tels des soldats libérés une fois leur service heureusement accompli, l'hydre de Lerne tuée au marais de ce monde par le valeureux Hercule, ils s'orientent vers les prairies et les jardins agréables et toujours verdoyants des biens de l'esprit.

Aux yeux de l'insensé en revanche, qui privé de la lumière ainsi acquise de la raison, marche, selon l'Écriture[1], dans les ténèbres, l'emportent et valent pour eux-mêmes les biens du corps, matériels et sublunaires, dans leur ensemble. L'insensé méprise l'âme et met le corps à la place de celle-ci ; il tourne le dos aux choses célestes et les foule aux pieds, il élève les choses de la terre et, se mettant vis-à-vis d'elles, les désire de toutes ses forces ; les pieds en l'air, la tête en bas, il se tient à l'envers. Il prend le temps pour l'éternité et compte pour rien les réalités intelligibles, spirituelles et tout ce qui ne tombe pas sous les sens.

| Chapitre XVIII **129r.**

De la vraie liberté du sage

L'esprit du sage regorge de richesse, ayant toujours tout en abondance. S'il désire quelque chose, il s'arrange à en être dégagé et le moins privé ; aussi n'en éprouve-t-il nulle frustration, ne souffre-t-il aucune amertume et toute privation est pour lui comme une plénitude. Le désir ne le point pas outre

1. *Ecclésiaste*, 2, 14.

mesure ; refoulant le feu des convoitises, il contient les élans inopportuns et inadaptés.

Il lui appartient en propre et en particulier de se mouvoir et de faire toutes choses librement, spontanément et aussi facilement que possible, J'entends par libre ce qui découle de la volonté, selon laquelle il entreprend de faire volontiers tout ce qui est raisonnable, beau, bon et digne d'être choisi. J'entends par facile ce qui découle de la puissance, puisqu'il peut toujours le plus : vu qu'il comprend tout en son esprit et actualise en lui-même toute chose ; comme le plus habile sculpteur, il sculpte en lui-même toute image ; comme le mime, qui imite toutes choses, toutes choses lui sont présentes, offertes et sans secret ; enfin il est semé de toutes choses, comme toutes choses sont, nous le croyons, à la façon des espèces [1], semées en lui. De ceci, il s'ensuit avec évidence que le sage peut toujours beaucoup de choses qu'il accomplit jusqu'au bout. En effet, puisque les causes de nos actions sont au nombre de trois et que triples sont les principes de nos tâches : l'intelligence, la puissance et la volonté, le sage dispose d'une intelligence fidèle et d'une connaissance très claire de ce qui est honorable et digne d'être accompli ; son esprit purifié extrait la brillante fleur de farine de la raison de toute l'épaisse enveloppe de son de l'ignorance, rejetant celle-ci dans les détritus du monde ; il a sous la main, comme nous l'avons dit, la puissance de faire ce qu'il doit, puisqu'il est tout et que, de quelque manière, il peut tout ; il dispose enfin de la volonté d'exécuter ce qu'il sait devoir être fait et qu'il peut accomplir.

---

1. Le mot *species* se rapporte ici encore à la théorie épicurienne de la vision. De même que tout objet imprime son espèce en l'œil humain, de même le sage imprime sa marque en tout objet.

Dès que donc ces trois facultés : comprendre, pouvoir, vouloir, sont mutuellement unies en un chœur harmonieux, l'action du sage est aisée, dégagée, affranchie de toute entrave. L'intelligence commence par lui révéler ce qu'il doit faire ; la puissance ensuite mobilise et mesure les forces du sujet ; la volonté enfin met en branle ce sujet, donne son assentiment et exécute. Or si l'un de ces principes venait à manquer, l'action serait empêchée ou tournerait court. En effet, si l'on comprend et peut sans vouloir, ou si l'on comprend et veut sans pouvoir, ou si l'on peut et veut sans savoir, ou si l'on ne sait ni ne peut ni ne veut, c'est en vain et pour rien que l'on s'agite.

Les trois principes de nos actions

Comprendre	o	o	o
o	Pouvoir	o	o
o	o	Vouloir	o
Comprendre	Pouvoir	o	o
Comprendre	o	Vouloir	o
o	Pouvoir	Vouloir	o
Comprendre	Pouvoir	Vouloir	Action
o	o	o	o

Il s'ensuit que le lamentable insensé à l'abandon se trouve en toute action maladroit, embarrassé, désarmé ; son intelligence est aveugle et incapable de prévoir ; ses forces, facultés et dispositions, sans efficace. La disposition d'un esprit nourricier et de substances nourrissantes, c'est-à-dires estimables, est en effet source pour l'âme de forces certaines qui sont pouvoirs et principes de nos actions. Or il est connu que ces forces fuient l'insensé languissant et ignorant. Aussi la volonté de celui-ci, affectée d'une extrême pusillanimité, je veux dire faiblesse d'âme, n'ose-t-elle rien souhaiter n'ayant le pouvoir ni de l'entreprendre ni de le mener à bien.

Chapitre XIX

Que le sage est la fin de toutes choses
et comme un Dieu en la terre

De toutes les choses matérielles comprises sous le firmament, le sage est la fin véritable et ultime et, comme le pensent la plupart des gens, il est un dieu terrestre et mortel[1]; mais mortel, comme nous l'avons montré, en son composé seulement, contre sa nature et pour un temps, par suite de la disjonction et de la séparation momentanée de ses parties. Du fait de cette disjonction en effet, au moment fixé, ce que nous appelons l'homme en son entier cesse d'être, périt, n'est plus; l'une de ses parties, le corps, qui doit sa vie à l'autre, l'âme, fait retour à la matière, se décompose en poussière, se résout en atomes. L'âme, en revanche, par nature insécable, immaté-

129v. rielle, de substance éthérée et spirituelle, | ne se laisse nullement ébranler par la mort, ni n'est dissoute, ni ne périt : intacte, une, entière, avec tout son contenu, elle subsiste intégralement et dure éternellement.

Nous avons montré en effet que l'espoir le plus tonique des vertueux et véritables héros et demi-dieux tenait à ce qu'ils savaient qu'ils n'étaient mortels qu'en leur composé et pour une part d'eux-mêmes, le corps, et ceci seulement pour un temps; ils ont appris et savent qu'ils sont, en leur âme, immortels et qu'un jour il sera à nouveau accordé à la part rejetée et disséminée de se reconstituer à partir de sa poussière et atomes

---

1. *Supra*, chap. VII, p. 47, n. 1. L'homme n'est un Dieu en la terre que par la vertu du mystère christique, l'Incarnation étant moins requise de la Rédemption que de la récapitulation de toutes créatures en Jésus-Christ, afin que se parachève la création. On voit ici l'influence de la spiritualité de saint Bonaventure.

anciens et de s'unir derechef à l'âme en un pacte éternel, de sorte que l'homme tout entier retrouve sa nature première, que le corps redevienne l'organe et le séjour de l'âme, qui n'en sortira, plus jamais, que l'âme enfin soit rendue à la vie de celui-ci. Cette réjouissante pensée de leur immortalité s'impose jour et nuit au regard intérieur des sages; ils lui consacrent assidûment complies et matines, soumettant à la continuelle et muette balance de leur esprit cette très heureuse espérance d'immortalité.

Le monde	est le lieu de	toutes	Les substances
L'homme	est le séjour de	toutes	Les sciences
Dans le monde	se trouve	tout	être
Dans l'homme	est logée toute	toute	connaissance
Le monde	n'est rien quant à la science	tout	quant à l'être
L'homme	est tout quant au savoir	rien	quant à l'être
Dans le monde	discernables	sont	les êtres des choses
Dans le monde	distinctes	sont	les raisons des choses

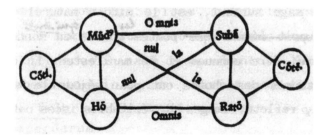

D'où il est manifeste que « la multitude des sages, comme le chante l'Écriture, est la santé de la terre entière »[1], vu qu'ils connaissent les raisons de toutes choses, ce qu'elles sont et pourquoi elles sont, la mesure, l'ordre, le rang et la place de chacune et seuls savent en user sainement. À l'instar de l'esprit de Dieu, ils les retiennent toutes et les installent en leur niveau et position naturels ; ils acheminent chacune à sa fin propre. Sans eux survient le désordre et même la subversion, qui fait que l'un a plus et l'autre moins ; le monde entier essuie une injustice pour n'avoir plus son miroir naturel[2]. L'homme en effet, le sage surtout, est le miroir naturel de l'univers, dans la pensée de qui toutes les choses qui sont au monde sont faites pour apparaître, être connues et se manifester. En effet de même que les substances des choses ont pour séjour le monde, de même leurs lueurs, reflets, images et véritables idées ont pour théâtre l'homme. Si le monde embrasse tout, il ne sait ni ne connaît rien. Si l'homme est infime au point de n'être rien, il sait et connaît tout. Celui-ci est aussi grand par la science que celui-là par la substance ; l'un est le lieu des raisons, l'autre celui des existences ; l'un abrite la similitude et l'autre la vérité.

Le monde est l'agent de toute présence, l'homme celui de tout jugement, vision, représentation. Le monde est l'objet dans sa généralité, tenant en soi toute vérité ; l'homme est le miroir de toutes choses, embrassant toute image et la réfléchissant. L'homme enfin est l'éclat, la manifestation, la brillance, l'âme du monde, tandis que le monde est comme le corps même de l'homme. L'un comme l'autre sont un maximum

1. *Sagesse*, 6, 24.
2. Miroir du monde, l'esprit humain ne se borne pas à le réfléchir, il l'organise en raison du mouvement alternatif des espèces. L'homme est le lieu du sens si le monde est le lieu de l'être.

et un minimum, le monde maximum d'être et minimum de science; l'homme maximum de savoir et minimum d'être[1]. Chacun se tient en l'autre, chacun contient l'autre; l'être de l'homme se trouve dans le monde, la science du monde se trouve en l'homme.

Le monde est un monde substantiel, l'homme est un monde rationnel. La distinction des raisons en l'homme est aussi nette que dans le monde la séparation des êtres et la différence des choses. En l'un et l'autre tout est présent, tout en tout et rien en chacun. En l'homme, pas d'être; dans le monde ni raison ni représentation. Chacun est vide et plein à la fois. Pauvre en réalité, l'homme est riche de raisons; le monde plein d'être est vide de raisons.

| CHAPITRE XX   130r.

IL Y A DEUX MONDES INTELLIGIBLES

Il résulte de cela que le monde intelligible est double : l'un réel, l'autre rationnel; l'un au-dessus du firmament, l'autre en dessous; l'un dans la nature et l'être des choses, l'autre dans la raison et la pensée de l'homme. En effet les êtres qui sont au-dessus du ciel sont les êtres bienheureux et les principes du monde : les modèles, archétypes et idées de toutes choses sont vraiment intelligibles et ne doivent rien aux sens; leur lieu est appelé le premier, naturel et vrai monde intelligible[2].

1. Pour la coïncidence du maximum et du minimum, voir Nicolas de Cues, *La docte ignorance*, chap. I, § 4.
2. De la coïncidence de l'homme et du monde résulte le redoublement du monde intelligible, car, s'il y a un firmament supra-lunaire, celui-ci doit avoir son double dans l'homme.

Comme tout être sous le ciel est sensible, Dieu a prévu pour le monde sensible une région intelligible dans la pensée humaine. En celle-ci se cache en vérité tout l'éclat rationnel des choses et leur rayonnement spirituel ; en elle, comme en tous les carrefours du monde sensible, viennent et soufflent de toutes parts les vents du monde ; en elle enfin de l'évaporation et de l'exhalaison du monde se condense et se constitue la nuée raisonnable et lumineuse du sage : sa précipitation en rosée ou en ondée, revigore l'esprit humain, désormais égal au monde, de la richesse intellectuelle de toutes choses et lui permet de cette façon – sans qu'il ait à recevoir l'impression d'aucune apparence – de se déployer en une seconde région intelligible. Si donc les mondes intelligibles sont au nombre de deux, il y aura trois mondes : deux intelligibles et un sensible. En effet tout ce qui est au-dessus du ciel constitue le véritable et premier monde intelligible ; tout ce qui est sous le ciel, hormis l'homme, constitue le monde sensible. L'homme en revanche est le second monde intelligible : raisonnable, dérivé et fécond. Et l'homme n'est pas seulement un monde intelligible, il est aussi un certain monde sensible.

Comme je le dis dans mon livre *De l'entendement*[1], l'homme, âme et corps, est toutes choses, puisque le corps humain est l'accomplissement de la matière entière, la plus haute et la plus belle des réalisations de la nature à partir de la matière. L'homme est donc l'un et l'autre monde, intelligible en son âme, sensible en son corps ; il est l'attache, le lien, le nœud, la liaison de l'un et de l'autre[2].

---

1. *De intellectu*, chap. IX, 7, éd. cit., p. 13r ; voir aussi R. de Sebonde, *Livre des créatures*, chap. II, ed. Chaudière, p. 9.

2. Souvenir de Jean Scot Erigène : « L'homme a été créé à l'image de Dieu pour qu'en lui se fît l'union de la créature intelligible et sensible, dont il est

Il en résulte que les réalités intelligibles sont transposées au plan du sensible à la faveur de cette intimité et de ce commerce humains, et que les réalités sensibles sont transportées au plan de l'intelligible. Il n'est rien d'intelligible en effet sous le ciel hormis l'esprit humain ; il n'est aucun autre lieu sous la lune où se puissent tenir les idées. Il n'est rien de sensible qui puisse passer par-dessus le ciel, rien de la matière qui puisse y pénétrer, rien de sublunaire qui puisse se retrouver en ces lieux éthérés hormis le corps de l'homme, pourtant vraiment matériel et sensible, puisque fait de limon [1].

C'est pourquoi aussi longtemps que l'homme vit sous le ciel et qu'en étranger il habite le monde sensible, son esprit assure la présence du monde intelligible dans le monde sensible ; l'esprit humain est en effet un monde intelligible et rationnel, lui qui est la demeure de toutes les idées. Mais dès que l'homme, comme ce sera le cas dans la résurrection, aura échappé, en son corps comme en son âme, à sa prison terrestre et qu'il aura rejoint le chœur des anges, dès que, convive de Dieu, il sera nourri du pain des anges, à travers son corps les choses sensibles seront transportées au royaume de l'intelligible et le monde sensible transmué en monde intelligible ; le corps humain est, en effet, disons-nous, un monde sensible, complexion, convergence et fin de toutes les choses sensibles, gloire et accomplissement de la matière tout entière. Aucune

---

composé comme de deux extrêmes ; il a été créé pour être la *medietas* et l'*adunatio* de toutes les créatures » (l. II, p. 530c).

1. La dignité du corps de l'homme tient au fait qu'il est le seul être en lequel coïncident le sensible et l'intelligible. Dès lors il est le gage tant de l'harmonie et de la santé que de l'intelligibilité du monde matériel ; il est aussi ce en quoi et par quoi s'effectuera le salut de la création tout entière.

autre portion de la matière en effet, que celle qui humaine se ramasse en ce corps humain, n'est destinée à être élevée au ciel.

Donc de même que, seule de toutes les créatures spirituelles et incorporelles, l'âme humaine est envoyée sur terre errer sous le ciel, de même seul de tous les corps, le corps humain, est élevé de la terre jusqu'au ciel. En une admirable harmonie, grâce à l'homme et en lui, l'un et l'autre monde se change l'un dans l'autre. En cette vie, le monde intelligible se produit sous le ciel grâce à l'esprit de l'homme; dans la vie à venir, c'est le monde sensible qui, grâce au corps de l'homme, pénétrera le royaume de l'intelligible, le matériel l'immatériel, le corporel le spirituel.

Il y a quatre mondes : deux intelligibles, deux sensibles			
Le grand intelligible	Le petit intelligible	Le grand sensible	Le petit sensible
La région éthérée	L'esprit humain	Le monde sublunaire	Le corps humain

Suivent les énoncés de comparaison des deux mondes :

Il y a quatre mondes : deux sensibles et deux intelligibles.

Deux grands mondes et deux petits mondes.

Des grands, l'un est intelligible, l'autre sensible.

Des petits, de même façon, l'un est intelligible, l'autre sensible.

Des grands, l'un est supracéleste, l'autre sublunaire.

Des petits, l'un est spirituel, l'autre est corporel.

130v. | Le grand intelligible est le lieu supracéleste et éthéré.

Le grand sensible est le monde sublunaire et sensible.

Le petit intelligible est l'âme humaine, lieu de toutes raisons.

Le petit sensible est le corps humain, à qui toute réalité sensible est soumise.

L'univers est formé de l'union de l'un et l'autre monde.

L'homme de même est formé de l'union de l'un et l'autre petit monde.

L'homme est semblable à l'univers, composé de parties homologues.

Les parties de l'homme correspondent à celles de l'univers.

L'esprit de l'homme correspond à la région supracéleste et éthérée.

Le corps de l'homme s'avère semblable au monde sublunaire.

L'univers tout entier est comparé à l'homme, fait pour être connu de lui.

Les parties de l'univers sont comparées aux organes de l'homme.

L'esprit de l'homme est capable d'atteindre à la région éthérée et les choses qui s'y trouvent.

Le corps de l'homme se nourrit de toute substance qui se trouve sous le ciel.

Maintenant, grâce à l'esprit de l'homme, les réalités intelligibles pénètrent le monde sensible.

Plus tard, grâce au corps de l'homme, les réalités sensibles accèderont au monde intelligible.

Sous le ciel nul être-en-acte n'est immortel, hormis l'esprit humain.

Nul fruit de la terre, hormis le corps humain, ne pénétrera le ciel.

De toute la famille des esprits, un seul, l'humain, vit sous le ciel.

De toute la famille des corps, un seul, l'humain, ira au ciel.

Le plus bas des esprits immortels voyage maintenant sous le ciel.

Le plus haut des corps est fait pour accéder au royaume éthéré.

Le séjour naturel de l'âme est le grand monde intelligible.

Le séjour naturel du corps est le grand monde sensible.

Loin de sa demeure propre l'âme erre maintenant au séjour du corps.

Loin de son propre séjour, le corps sera un jour élevé à la patrie de l'âme.

Il est impossible à l'âme de vivre sans corps dans le monde sensible.

Il est impossible au corps d'être élevé sans âme au paradis.

Maintenant, l'âme, unie au corps, habite le séjour du corps.

Plus tard, le corps, uni à l'âme, habitera dans la patrie de l'âme.

Maintenant, le corps véhicule l'âme à travers le monde sensible.

Plus tard, l'âme conduira le corps à travers l'espace du monde intelligible.

Maintenant l'âme dispose d'une demeure pour le temps dans le corps et le monde sensible.

Il adviendra que le corps avec l'âme recevra dans le monde intelligible une demeure pour l'éternité.

Les présentes peines du corps sont pour un temps.

Une récompense immortelle l'attend dans la patrie de l'âme.

De la présente union pour le temps entre l'âme et le corps, sortira leur union pour toujours.

CHAPITRE XXI

QUE L'HOMME EST UNE PARTIE DE L'UNIVERS

Si l'homme, le sage surtout, est l'âme du monde, il est aussi nécessaire au monde que l'âme au corps. L'homme sera une partie de l'univers tout comme l'âme est une partie de l'homme. Et si l'homme, dans la mesure où il est sage, est réputé se dominer et se connaître, il faut dire l'univers aussi susceptible de se maîtriser et de se connaître.

En effet, on répète que l'homme se connaît, parce qu'il rentre en lui-même et qu'une part de lui s'offre à l'autre en objet. De ces parts, l'une, l'âme, juge et observe l'autre : faisant retour sur soi, elle parvient à la connaissance de soi; l'autre, le corps, ne porte aucun jugement ni sur elle ni sur l'autre, vu qu'elle est privée de toute raison, de tout savoir, de toute compréhension.

Aussi l'homme est-il dit se connaître lui-même, non qu'en son tout il se connaisse en totalité, mais parce qu'une part de lui, l'âme, se comprend, se connaît, se voit elle-même et voit l'autre partie. L'apprentissage de cette connaissance de soi s'effectue selon un processus successif; l'âme ne connaît pas le corps en même temps qu'elle se connaît, la connaissance du corps précédant en elle la connaissance de soi. Dès que l'âme a atteint à la connaissance du corps et de soi, on pense alors qu'elle est aussitôt accomplie, et l'on convient que le sage est tout entier connu de lui-même et parfaitement clair et transparent à lui-même.

| Ainsi donc on dira l'univers transparent à lui-même et **131r.** connu de lui-même, achevé, sage et parfait, non que la raison, la conception, la connaissance du tout reviennent à la totalité mais à une partie de l'univers. La part offerte en objet à l'autre part doit être appréhendée, vue et connue par elle, le corps du monde par l'âme du monde. L'homme est l'âme du monde, tandis que le monde et tout ce qui se montre sous le ciel est comme le corps de l'homme. De l'union de l'homme et du monde résulte ce que nous appelons l'univers, semblable et analogue à l'homme tout entier. L'âme de cet univers est l'homme tout entier. Le corps en est le monde. Une partie en appréhende l'autre, comme l'homme le monde; la partie qui connaît l'autre se regarde elle-même et s'érige en juge et en principe recteur pour elle-même. L'autre ne peut ni apercevoir celle qui lui est supérieure ni s'apercevoir elle-même; en effet le monde ne saisit en aucune manière ni l'homme ni lui-même; l'homme, en revanche, se fait spectateur, juge et principe recteur de lui-même et du monde.

La raison qui fait que l'homme sage est dit se connaître lui-même, fait que l'univers peut être dit se connaître lui-même; non que le tout soit connu par le tout, mais, en l'un et l'autre, une part puis le tout sont appréhendés et connus par une part, le corps dis-je est connu par l'âme, l'âme par l'âme, le tout enfin par l'âme.

De même que ce n'est ni l'âme ni le corps qui sont l'homme, mais les deux, âme et corps, réunis, de même que ce n'est ni l'homme ni le monde qui sont l'univers, mais les deux, homme et monde, réunis, de sorte que l'univers résulte de l'union de cette âme et de ce corps. De même que l'âme de l'homme connaît le corps avant de se connaître elle-même et conclut de la connaissance du corps à la connaissance de soi, de même l'âme de l'univers, l'homme, s'avère être présente par son admirable analogie au corps de l'univers, je veux dire au monde sublunaire, avant de l'être à elle-même, et aller de la connaissance du monde à la rencontre de soi, à la présence à soi et à la connaissance de soi. De même que l'âme fait la preuve qu'elle est nécessaire à la survie de l'homme, de même l'homme est tout à fait nécessaire et indispensable à l'achèvement et à la subsistance de l'univers, surtout le sage, qui est la véritable âme du monde [1].

Chapitre XXII

Le voyage de l'âme humaine

Echappant spirituellement au corps par les portes des sens externes, l'âme du sage s'en va errer par le monde [2] et, après

1. Ce que l'âme est au corps, l'homme l'est au monde. Cette proposition fait de l'homme l'âme même du monde, qui ne saurait subsister sans sa présence, car c'est en elle qu'il trouve connaissance, organisation et immortalité. Cf. *De intellectu*, chap. IX, p. 13r.

2. Souvenir du *De venatione sapientiae* de Nicolas de Cues; cette exploration du monde permet à celui-ci de faire retour sous la forme des espèces

avoir pris à chaque chose qui s'y trouve un atome d'espèce, elle fait retour au corps et façonne, à partir de ce butin d'atomes d'espèces, l'homme de vertu, la véritable figure de son prototype, naturel et terrien, sa forme, son modèle, son éclat, son savoir, sa manifestation, dont le mode d'être est la sagesse c'est-à-dire le passage, le changement, la transformation, au moyen des espèces, de l'homme en toutes choses et de toutes choses en l'homme[1].

De là, il est clair que la sagesse est une certaine humanité, l'image et la figure véridique de notre premier père, homme de la nature juste sorti du limon, soit l'homme de l'art en personne, né de l'hymen du premier homme naturel et du monde lui-même. Cet homme nouveau est comme l'objet spécifique de la contemplation humaine, comme aussi la sortie hors du monde et le retour sur soi qui permet au sage de désavouer son errance mondaine et de chanter ses retrouvailles avec lui-même. Tel une Minerve née du premier homme, il est le retour, le rappel, le maintien en soi, la demeure enfin de l'homme originel[2].

Il est évident que la sagesse est le nombre de l'homme, sa différence, sa fécondité et son rayonnement, et qu'elle réside

visuelles, à l'esprit humain. L'homme, Dieu en la terre, inverse le processus de la création en ramenant le monde à son principe, la pensée.

1. Cf. *De intellectu*, chap. IX, § 7, p. 13r : « Nous avons dit comment l'homme devenait toutes choses en son esprit et entendement grâce aux espèces qui lui permettent de tout assimiler. Il devient aussi toutes choses en son corps puisque son corps n'est rien d'autre que le monde sensible et qu'il n'est de substance sensible qui ne devienne une partie du corps humain et qui ne lui soit ordonnée ».

2. Vérifiant la circularité du savoir, l'homme de culture est la répétition de l'homme originel par delà le moment de l'aliénation dans le monde.

en cette dyade humaine née de la monade primitive[1]. La réciprocité de l'homme originel et sensible et de la nature constitue la monade, commencement et principe de toute la génération humaine. L'homme de l'art en revanche ou, si l'on veut, l'image humaine née de l'art constituent la dyade, rayonnement, sagesse, fruit et fin du premier homme. En raison de cette disposition, celui que la nature n'avait fait qu'homme est appelé, par la grâce et le généreux bienfait de l'art, deux fois homme, c'est-à-dire l'homme de l'homme.

Et ce n'est pas seulement à la dyade mais jusqu'à la triade que la force de la sagesse humaine élève le nombre de l'homme et développe son humanité[2]. Sans milieu en effet il n'y a pas d'extrêmes, sans proximité pas de distance, sans accord pas de désaccord, sans convergence, pas de divergence[3]. Il y a la monade et la dyade, la nature et l'art qui est son opposé, semblablement l'homme de la nature et l'homme de l'art ou si l'on veut l'homme substantiel et sa figure véridique née de la vertu, action réciproque au plan de la nature ou plutôt don naturel et conquête de l'homme.

Entre ces deux extrêmes, il y a union, accord, convergence, un certain amour, une paix, un lien, un milieu, une assistance mutuelle, un hymen et un fruit, un rayonnement. Jointes l'une à l'autre, monade et dyade engendrent la triade et manifestent leur lien, leur union et leur accord. Aussi la sagesse est-elle une triple promotion de l'homme, la trinité humaine, humanité

1. Cf. *De duodecim numeris, de dyade*, § 5, p. 158r : « Le nombre de la dyade peut à juste titre être imputé au microcosme humain. De même que la dyade est réitération de l'unité, de même l'homme est réitération du monde, reproduction, manifestation, répétition du macrocosme ».

2. Cf. *De duodecim numeris, de tryade*, § 2, p. 158r.

3. Cf. *Ars oppositorum*, chap. XVI, p. 89v ; notre édition, p. 126-139.

ou triade. La trinité est l'émule | de la perfection tout entière, **131v.**
aucune perfection ne pouvant être sans trinité.

CHAPITRE XXIII
TOUTE CONNAISSANCE EST D'UNE CERTAINE FAÇON TRINITÉ

Quiconque évaluera la force remarquable de la
connaissance, trouvera assurément que celle-ci ne peut avoir
lieu sans nombre, distinction et trinité. En toute connaissance,
autre est en effet le spectateur, autre ce qui est offert au regard
ou objet, autre la médiation entre l'un et l'autre, dont procède
et résulte la connaissance. Autre est ce qui regarde, autre ce qui
est regardé, autre l'acte de l'un et de l'autre, la résultante de
leur union ; ainsi dans l'âme autre est l'entendement, autre la
mémoire, autre la contemplation, accomplissement des deux
(entendement et mémoire) [1].

L'entendement est premier et spectateur de tout. La
mémoire donne à voir et offre en spectacle toutes choses à
l'entendement. La contemplation enfin est l'inspection et la
présentification en quoi entendement et mémoire s'actualisent. La contemplation est définie par l'acte de l'un et de
l'autre, inspection d'une part, présentification d'autre part,
celle-ci étant l'acte de la mémoire, celle-là celui de l'entendement. L'entendement est comparable à la monade ou homme
de la nature, la mémoire à la dyade ou homme de la vertu, la
contemplation à la triade ou lien des deux hommes entre eux.

---

1. Bovelles renouvelle ici le thème inauguré par Augustin, *De Trinitate*,
IX, X, XI, repris par Jean Scot Erigène, *De divisione naturae*, II, 567b *sq.*, puis
par R. de Sebonde, *Livre des créatures*, éd. cit., p. 43-57.

Comme nous l'avons enseigné dans notre livre *De l'entende-ment*, l'entendement est l'unité d'où sortira la mémoire[1]; son acte est antérieur à celui de la mémoire[2]; la mémoire est le redoublement de l'entendement, son nombre et sa répétition; son acte est postérieur à l'acte de celui-ci; la contemplation enfin est la trinité et l'accomplissement de l'un et de l'autre[3].

Assurément l'espèce intelligible[4] est d'abord dans l'entendement, ensuite dans la mémoire, enfin dans la contemplation. La première et la plus simple appréhension de l'espèce intelligible est sa saisie ou intellection; la seconde sa rétention ou mémoire; la troisième sa perception ou contemplation. Aussi la première position de l'espèce se trouve dans l'entendement, son second séjour est la mémoire, son troisième site est la contemplation. L'entendement est premier et par soi, lui qui ensemence, emplit et féconde la mémoire. De leur action mutuelle, résulte, découle et procède la contemplation ou action de regarder. Et ces trois instances constituent dans l'âme un être unique : une et indivisible est la substance de l'âme, trinité identique à soi dans l'unité et la consubstantialité de ses composants.

Il s'ensuit que, comme les facultés cognitives de l'homme sont au nombre de trois – la raison, l'imagination, le senti-ment – l'homme se montre trois fois triple : triple, dis-je, en son âme, triple en son corps, triple dans le monde. En son âme, il est triple par la raison et la contemplation, engendrée par l'âme dans l'âme par le moyen de la forme spécifique intelli-gible et rationnelle. En son corps ou plutôt en tout son être, il

1. *De intellectu*, chap. XIII, § 1, p. 16r.
2. *Ibid.*, chap. VII, § 3, p. 10r.
3. *Ibid.*, chap. VII, § 7, p. 10v.
4. *Ibid.*, chap. VIII, § 9, p. 12r.

est triple par l'imagination, qui est produite par l'âme dans le corps par l'évocation et la vue des simulacres. Dans le monde enfin, il est triple par le sentiment, qui est produit par l'âme dans le monde par l'entremise de l'espèce sensible.

Emule de la perfection, retour sur soi et redoublement de l'être, toute connaissance s'arroge et revendique le nombre de la trinité et se trouve déterminée par les deux extrêmes et leur milieu : la puissance, l'objet et l'acte résultant de leur union [1].

L'homme est trois fois trois	dans la raison	dans l'imagination	dans le sentiment
L'homme est trois fois trois	dans son âme	dans son corps	dans le monde
La trinité de l'âme	l'entendement	la Conception	La Mémoire
La trinité du corps	Imagination	Image	Corps
La trinité du monde	Sentiment	Espèce sensible	Monde
	Commencement	Milieu	Fin
	Regardant	Objet	Présentant

CHAPITRE XXIV

RIEN N'EST LE PROPRE DE L'HOMME SI CE N'EST LA COMMUNAUTÉ DE TOUTES CHOSES

L'homme n'a rien en propre mais tout ce qui est le propre des autres êtres lui appartient. Tout ce qui est le propre de tel ou

1. La puissance désigne ici la capacité perceptive, l'objet ce qui est donné à voir, l'acte le fruit de leur union.

tel, de celui-ci et de celui-là, individuellement, appartient à l'unité de l'homme. Celui-ci en effet porte en lui la nature de toutes choses, voit tout, reproduit la nature entière. Butinant et absorbant tout ce qui est dans la nature des choses, il devient toute chose[1]. En effet, l'homme n'est pas tel être particulier ou tel autre et sa nature n'est pas telle ou telle, mais il est tout à la fois, le concours, l'aboutissement rationnel et la récapitulation

132r. | de toutes choses. Et si l'on veut définir et embrasser la nature de l'homme, que l'on élève les yeux vers tout ce qui est dans le ciel, dans les éléments et dans l'univers. Toutes les choses qui composent le tout sont en effet à mettre au compte de ce que nous appelons le grand homme.

La nature a donc engendré et produit deux hommes : le grand que nous dénommons le monde, le petit qui est désigné plus spécialement du nom d'homme[2]. Le grand est toutes choses en acte, le petit toutes choses en puissance. Grâce à l'application, à l'activité, au travail et à l'élan de celui-ci, l'acte est tiré de la puissance et la lumière jaillit des ténèbres ; à la confusion succèdent le nombre, l'ordre et la distinction, dans la mesure où le petit homme a embrassé le grand tout entier et où, une fois dissipée la nuée de son ignorance origi-nelle, il connaît tout sans exception, comprend absolument tout et sait tout. De cette manière, le petit parvient à sa perfection, pourvu que soit mis en ordre ce qui ne l'était pas et que, ce qui est encore brut, non façonné et sans figure, « en

---

1. *Cf.* Pic de la Mirandole, *Heptaplus*, p. 302 ; trad. fr. O. Boulnois et G. Tognon, Paris, PUF, 1993, p. 213.

2. Voir *supra*, chap. VIII, p. 53, n. 1 ; *cf.* Pic de la Mirandole, *Heptaplus*, p. 332 ; trad. Boulnois, p. 228-230.

assurant la forme spécifique, parvienne à la lumière » comme le dit saint Denys [1].

Que l'on saisisse bien que la nature a engendré deux hommes, l'un formé au centre, au milieu du monde et subsistant en acte – il s'agit de l'homme que nous sommes – l'autre encore à faire, inachevé, subsistant en puissance, à la périphérie, par le monde, dans la matière et la multitude des atomes, qui se retrouvent tous en chaque être. En tout être du monde en effet se cache quelque chose d'humain. En chacun se loge quelque atome propre à l'homme : l'homme cultivé doit en être composé et formé ; il se doit de le réclamer et de le tirer de la matière par la force de son esprit, lui la puissance universelle, lui dont quelque chose est en tout être et en qui en retour quelque chose de tout être doit se trouver.

Cet homme donc – l'homme que nous sommes, situé au milieu du monde – a été façonné et accompli dans son humanité par la nature, avec l'ordre reçu de celle-ci de se mouvoir à travers le monde ; il demande à chaque chose ce qui lui appartient, il extrait de toute substance du monde l'atome constitutif de sa forme propre. Cet atome il le récolte et se l'incorpore et, d'atomes entrant en de nombreuses formes, il dégage et produit sa propre forme [2], qui s'annonce comme le fruit de l'homme naturel et originel, c'est-à-dire comme l'homme accompli, bref l'homme cultivé. Telle est la pleine réalisation de l'homme, puisque, de cette manière, il suffit de tirer de l'homme réel

---

1. *Hiérarchie céleste*, chap. VII, § 3, éd. cit., p. 116. Les formes ou espèces constituent les degrés qui, par une démarche anagogique, permettront de faire retour à la lumière originelle.

2. On assiste ici au passage des espèces ou formes sensibles à l'espèce ou forme intelligible devenue en l'occurrence la forme de l'homme même.

l'homme rationnel, de l'homme naturel l'homme accompli, de l'homme à l'état brut l'homme ordonné, achevé et cultivé.

CHAPITRE XXV

L'APPARITION ORIGINELLE DE LA SUBSTANCE HUMAINE
COMPARÉE À SON DÉVELOPPEMENT PAR L'INSTRUCTION

À cette trinité de l'homme spirituel, qui se manifeste dans son instruction, son accomplissement et son complet achèvement (à partir de l'union de l'homme naturel et de l'homme cultivé), est très parente et tout à fait semblable une autre trinité qui s'est fait jour à l'apparition du matériau humain c'est-à-dire à la création même par Dieu du genre humain, lors de sa production à l'être.

En effet de même que l'esprit humain n'est pas instruit en un instant ni par un seul acte, mais progressivement et en trois moments – celui de l'intelligence, où l'espèce intelligible est produite et engendrée dans l'esprit; celui de la mémoire, où cette espèce est fixée, conservée et logée dans la mémoire; celui de la contemplation, où cette même espèce, saisie par l'entendement, est gardée présente par la mémoire – de même le genre humain, je veux dire le matériau humain n'a pas un commencement subit et n'est pas venu à l'être par un acte unique, mais progressivement et en trois étapes. D'abord l'esprit de Dieu a produit l'acte du genre humain, c'est-à-dire l'être viril; ensuite de l'acte, il a tiré la puissance, c'est-à-dire la femme; enfin des deux extrêmes, acte et puissance, homme et femme, il a voulu que naisse leur moyen terme, leur équilibre, leur accomplissement et leur fin : le fils de leur union, en qui la forme humaine[1] a conquis naturellement son être achevé, plénier, parfait et trine.

Le premier homme créé par Dieu fut Adam; puis de l'homme est sortie la femme, puissance de l'homme et du genre humain; en troisième lieu, de l'homme et de la femme est né le fils des deux. Adam est comparable à l'intellect, Ève à la mémoire, Abel à la contemplation, c'est-à-dire à l'acte de l'un et de l'autre. Adam est comparable encore à l'homme naturel que nous sommes, Ève à l'homme accompli et cultivé c'est-à-dire à la forme et à la figure de l'homme naturel, Abel à l'union de la nature et de la vertu, à la liaison des deux hommes naturel et cultivé. Adam est l'homme, né par soi d'aucun autre; Ève est l'être humain issu de l'homme; Abel est l'homme né de deux êtres humains. Adam est encore la monade, Ève la dyade et Abel la triade. Adam n'est qu'homme, Ève deux fois homme, Abel trois fois. D'Adam à Ève, le mouvement va d'un à un; d'Adam et Ève ensemble à Abel, le mouvement va de deux à un seul en lequel il se fixe. Adam enfin, Ève et Abel sont égaux entre eux et, quant à la forme, constituent un même homme c'est-à-dire un homme d'une même forme et d'une semblable substance, qui d'une certaine manière est un et triple; nous avons dit plus haut[2] que l'esprit humain était un et triple: un et indivisible en sa substance, triple en son entendement, sa mémoire et la forme résultant de l'un et de l'autre. La mémoire est égale à l'entendement; la forme issue de leur

---

1. *Species* désigne ici non plus l'espèce ou simulacre imprimé par l'objet sensible à la surface de l'œil ou du miroir, pas davantage l'espèce intelligible qui en résulte au plan de l'entendement, mais la forme issue de la puissance et de l'acte.

2. *Supra*, chap. XXIII. Le thème de la triplicité humaine *homo-homo-homo* est inspiré de R. Lulle, *Ars generalis ultima*, VIII, 2, 14, Palma, 1645, p. 168.

union – dont résulte la contemplation, née de l'offrande de l'une au regard de l'autre – est spirituellement égale et semblable à l'une et à l'autre.

132v.		Trinité de l'âme	Entendement	Mémoire	Forme
	Trinité de l'homme	Adam	Ève	Abel
	Fonction de l'âme	Acquisition	Conservation	Contemplation
	Genèse de l'homme	Homme par soi	Homme né de l'homme	Homme né de deux humains
	Nombre de l'homme	Homme	Deux fois homme	Trois fois homme

CHAPITRE XXVI

L'HOMME MIROIR DE L'UNIVERS

L'homme n'est pas une chose parmi les autres, la nature l'ayant façonné et créé par surcroît, pour qu'il devienne le spectateur universel, le reflet et le miroir naturel de toutes choses, mis à part de l'ordre cosmique, en position éminente par rapport à l'ensemble, comme le centre de tout. La nature du miroir est en effet d'être placé en face de ce dont il doit réfléchir l'image. Si tu imagines que toutes choses sont disposées, sur le pourtour sphérique du monde, comme sur le firmament, où plus clairement qu'en aucun lieu sont rendues et sont vues les formes de toutes choses, tu induiras de cet argument que l'homme a été créé au milieu du monde, séparé de toutes choses, afin qu'il soit plus abondamment atteint par l'éclatant rayonnement, pleuvant vers lui de partout, des espèces venues du monde entier et qu'affecté par toute espèce, il revête lui-même toute forme [1].

En effet si l'homme avait été logé à l'intérieur d'une chose, il ne saurait accéder à la connaissance de cette chose et substance, à laquelle il serait assujetti : toute connaissance et tout examen, toute présentation des choses et toute diffusion de leurs espèces s'effectuent selon la diagonale optique, par laquelle ce qui est offert en objet au regard est séparé de la puissance qui reflète et qui regarde. L'homme donc a été créé en dehors de la totalité des choses et cette totalité créée en dehors de l'homme, pour lui être opposée en diagonale. En effet si l'on place toutes choses sur le pourtour sphérique du monde, soit sur le firmament, l'on doit placer l'homme au centre ; il en résulte que tout le pourtour du monde lui apparaît en toute clarté et lui est révélé.

Si l'on dispose toutes choses à la base d'un triangle, il faut placer l'homme au sommet où toute la base coule dans le resserrement des deux côtés et vers lequel rame toute la surface triangulaire ; de ce point la base est vue d'un seul regard et facile à examiner. Qu'on dispose où l'on voudra tous les êtres du monde, il faut placer l'homme en face, afin qu'il soit le miroir universel.

La nature de l'homme est celle même du miroir. La nature du miroir est d'être placé hors de toutes choses, vis-à-vis d'elles, de telle façon que rien n'entre en lui et qu'il ne soit affecté par aucune image naturelle. Si l'on place le miroir au plan des choses visibles et dans leur enchaînement, on s'inter-

---

1. Nous traduisons *species* par *forme*, quand le mot désigne la figure en l'objet et par *espèce* ou *simulacre*, quand il désigne la figure à la surface de l'œil ou du miroir.

dit aussitôt toute facilité de vision, de telle sorte que le miroir ne peut être impressionné ni frappé par aucune image ou du moins il ne peut l'être que par celles d'un nombre restreint de choses. Que le miroir soit placé à la base du triangle, aucune des lignes tirées de la base ne parviendra au miroir, aucun influx d'espèces ne s'effectuera vers le miroir. De même, si l'on place le miroir sur la circonférence, les lignes tirées vers lui de tous les points de la circonférence seront indirectes et inégales.

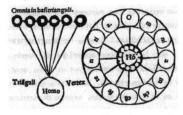

La vraie place du miroir et de l'homme est donc en position frontale, à l'extrémité, à distance et dans la négation de toutes choses, au lieu de nulle chose, où rien n'est en acte, en ce non lieu où cependant toute apparence doit se produire. Toutes les réalités sont en effet au pourtour du monde et elles peuvent apparaître en son centre. Où elles sont toutes, elles n'apparaissent pas. Où elles peuvent apparaître et apparaissent, elles ne sont pas. Elles sont dans un lieu déterminé, faites pour apparaître et apparaissant à l'opposé de ce lieu.

Il en résulte que la terre et l'homme sont depuis le commencement du monde un miroir du firmament, mais **133r.** un miroir grossier, brut, infidèle, confus, | imparfait, vide et dépourvu de tout reflet. Ces deux miroirs sont impressionnés et fécondés par la chute des atomes et des espèces naturelles issus des étoiles du ciel; chacun d'eux est une

certaine puissance[1] du firmament et l'ombre portée par ces
réalités en acte, que l'on voit briller en haut.

Dieu a en effet dès le commencement du monde distingué
les actes sensibles de toutes les choses et les a placés dans le
firmament, tandis que leur ombre, rayonnement, éclat, cône,
tourbillon et atomes tombent à la verticale sur la terre : la
convergence, le mélange, l'ombre et la puissance de ces actes
est la terre, dont le nombre est en vérité celui de toutes choses.
En effet le firmament est le nombre et l'acte de tout ; la terre est
aussi le nombre de tout mais elle l'est en puissance. Tout ce qui
est au firmament peut apparaître sur terre ; de même tout ce qui
est au monde peut apparaître dans l'homme. En effet la forme
la plus éminente de toutes, celle de l'homme, dont nous avons
enseigné[2] que la sagesse était la manière d'être, n'est pas la
forme de ceci ou de cela, mais d'une certaine manière la forme
de toutes choses.

Et si c'est la même forme qui est dite forme de tout et forme
de l'homme naturel que nous sommes, il est nécessaire que cet
homme originel soit de quelque manière comme la puissance
de toutes choses, lui dont l'acte est l'acte de tout, la forme la
forme universelle, l'image l'image de toutes choses, l'harmonie enfin le nombre de tous les êtres. L'harmonie des étoiles
dans le ciel, des atomes de la terre est celle de l'homme, de sa
forme et de sa sagesse : la connaissance et la saisie de celui-ci
est la connaissance de soi-même et de l'univers. De même que
l'homme et l'univers ont pareille forme – la forme de l'homme

---

1. L'être en puissance désigne ici ce qui perçoit, l'être en acte ce qui se
donne à percevoir. Si les réalités sises à la périphérie du firmament sont en acte,
la terre, placée au centre du monde à la façon d'un miroir, et l'homme, placé au
milieu de la terre, sont en puissance.

2. *Supra*, chap. XXII.

est celle de toutes choses, celle de toutes choses celle de l'homme – de même il n'est qu'une seule et même science, raison et connaissance de l'un et de l'autre.

L'homme est donc la dernière, la plus haute et la plus importante des créatures du monde sensible, disposé et placé hors de tout comme la puissance et la convergence de tout, ombre naturelle des lumières d'en haut et des réalités en acte et comme le milieu du monde. En effet, quand toutes choses furent accomplies et portées à leur perfection, après que les réalités en acte eussent obtenu du sort leur emplacement respectif, Dieu vit qu'il manquait un spectateur à tout cela, qui serait l'œil de l'univers, qu'illumineraient les feux étincelant dans les hauteurs du ciel, les torches haut placées et les luminaires du firmament, les chambranles sidéraux et les fins baldaquins des portes du monde intelligible et supracéleste plein d'une lumière infinie, pour l'inonder continuellement de clarté comme le fils du monde entier, son image naturelle, la paix et la concorde universelle, et il vit qu'il ne restait aucun lieu pour cet œil supérieur. Tout était en effet rempli de réalités en acte et chaque chose se tenait à son niveau, à sa place et à son rang ; des actualisations diverses et des formes disparates, des différences entre les choses et des luminaires du monde, toutes choses qui ne doivent ni ne peuvent d'elles-mêmes ni se mêler, ni se confondre, ni converger, l'homme ne pouvait en aucune façon surgir.

En dehors donc des différences et propriétés de toutes les choses, l'homme a grandi dans un lieu opposé à toutes, au carrefour du monde, au beau milieu de tout : comme un universel entremetteur [1] qui comble de ses puissances, ombres, formes, images et raisons les béances laissées dans la nature.

CHAPITRE XXVII

POURQUOI LES SAGES PHÉNICIENS AVAIENT-ILS COUTUME DE REPRÉSENTER L'HOMME SOUS LA FIGURE D'UN SERPENT

Ce n'est pas sans raison que les sages phéniciens, comme l'histoire le raconte, voulurent peindre et figurer au linteau de leurs temples l'homme sous la figure d'un serpent ou d'une hydre se mordant la queue [2].

La plus haute sagesse est en effet l'examen et la connaissance de soi-même, par lesquels, dans un être qui reste le même, indivis, massif, un et continu, une partie se saisit de l'autre, la baise, la tire à elle et l'absorbe en elle. En effet, bien que toute connaissance ait deux composantes,

---

1. On retrouve ici le thème de l'homme *copula mundi*, développé par Ficin, *In Timaeum*, l. I, chap. XII : « La nature de l'homme est comme le lien et le nœud du monde, placé au milieu et comme tout milieu ayant part aux extrêmes, comme si l'homme, en ses différentes parties, était en communion et accord avec toutes les parties dont le monde est composé ». Voir aussi Pic, *Heptaplus*, p. 300, trad. Boulnois, p. 211 *sq.*

2. Il s'agit de l'*ouroboros* qui, dans l'iconographie phénicienne, figure la totalité unifiée du réel. On retrouve ce symbole dans l'art chrétien des premiers siècles pour désigner la coïncidence en Dieu de l'origine et de la fin. Le principe de cette totalisation n'est plus ici Dieu mais l'homme même.

l'une matérielle et imparfaite, l'autre immatérielle et parfaite, cette dernière seulement s'accomplit de manière circulaire, en une même nature et une même substance, indivise et continue et pourtant multiple, distincte et féconde. Elle se produit en effet, lorsque la substance immatérielle, courbée et retournée sur elle-même par la force de la spéculation, se propage de manière continue à la fois vers les deux extrémités et vers le milieu. La connaissance matérielle en revanche s'effectue en ligne droite du même à l'autre, du semblable au dissemblable, en différentes natures et en substances séparées; en cette connaissance, autre est ce qui regarde, autre ce qui est

133v. | regardé. Ainsi dans l'imagination autre est l'âme, autre le corps; dans la sensibilité, autre est l'âme, autre le monde. L'âme est immatérielle, le corps et le monde procèdent tous deux de la matière et sont organes de l'âme; autre est la substance de l'âme, autre la substance du corps et du monde. Aussi ne plaçons-nous la science et sagesse de l'homme en aucune des connaissances de cette sorte.

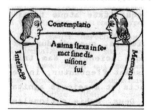

Il reste donc que dans la seule raison réside la sagesse de l'homme, c'est-à-dire dans la connaissance immatérielle et dans l'observation de soi par soi, dans la connaissance de l'âme par l'âme; grâce à elle, sans se diviser, l'âme se retourne tout entière sur elle-même, se rend présente à elle-même et se donne ainsi pour objet à sa vue. L'âme tout entière est perçue et recensée dans son unité et de quelque manière distingue, compte et dénombre en elle trois parties (les deux extrémités et le milieu). Prenant la forme d'une circonférence, elle tourne sur elle-même, à la façon d'un serpent et revient sur son arrière-train. Une partie mordille l'autre et la baise. L'âme rentre en elle-même, réalise une parfaite continuité, se parcourt de part en part ; elle s'installe enfin en elle-même, repose en elle et devient son propre séjour et sa perpétuelle demeure.

CHAPITRE XXVIII
LA CONNAISSANCE N'EXIGE PAS DE L'ÊTRE QUI S'EXAMINE QU'IL SE DIVISE

Il en résulte que ceux, qui ont évalué avec exactitude la puissance et la nature de la connaissance, ne tombent pas la tête la première dans l'effrayant Charybde de l'abominable erreur, en déclarant multiple ce qu'en cherchant à se connaître ils découvrent en eux et en disant que les deux extrêmes et leur milieu constituent plusieurs substances.

En effet, si toute connaissance entraînait la division de l'être et la multiplication de la substance même, toute connaissance serait connaissance de l'autre. Rien ne serait connu de soi, rien ne serait capable de se voir, de se contempler, de jouir de soi. Il n'y aurait pas de sagesse, puisque celle-ci réside dans l'examen, la connaissance et la science de soi-même. Toute connaissance serait connaissance de l'autre ; les extrêmes de chaque connaissance seraient disjoints, séparés, situés à distance l'un de l'autre ; ce qu'il convient d'appeler le milieu [1] serait écartelé entre les extrêmes. Pour nous en revanche,

---

1. Principe de la *coïncidentia oppositorum*, le milieu est l'agent de toute identification.

comme nous l'avons dit [1], la connaissance du même par lui-même n'est pas un écartèlement de l'être substantiel, mais un discernement en son apparence des extrêmes et du milieu. Il se produit une courbure de l'être sur lui-même, un retournement, un mouvement circulaire, et sans division de sa substance, dans le respect de son identité, de son unité, de sa continuité, une homogénéisation dans la similitude, l'égalité et la trinité des apparences hypostasiées.

Il s'ensuit derechef que la sagesse est triple, tout comme la connaissance de soi. Sont en effet au nombre de trois les êtres matériels qui se courbent sur eux-mêmes, se retournent, sont capables de se connaître et de se comprendre : l'âme raisonnable, l'ange, Dieu. L'orbe de l'âme raisonnable, je veux dire son retour sur elle-même, par lequel elle se voit, est appelé science de l'homme ; l'orbe angélique sagesse angélique ; l'orbe divin, par lequel Dieu est porté par lui-même en lui-même, sagesse divine, connaissance de Dieu par lui-même et contemplation divine ; les extrêmes en sont l'entendement divin, la mémoire divine et la figure divine de leur union.

L'entendement divin est la monade primitive existant par soi, première semence de la divinité et, comme le pense le saint Aréopagite, « source de déité et principe de toute la fécondité divine » [2]. La mémoire divine est la dyade, c'est-à-dire la duplication et l'auto-répétition de la monade même. La figure de l'union de l'une et de l'autre est appelée triade : disposition,

---

1. *Supra*, chap. XXVII. La procession va de pair avec la distinction, la conversion la résout ; *cf.* Proclus, *Éléments de théologie*, 35 ; J. Scot Erigène, *De divisione naturae*, l. II, p. 526b, trad. Bertin, p. 284.

2. *Des noms divins*, chap. II, § 5, dans *Œuvres complètes*, trad. Gandillac, p. 83. Pour la circularité du savoir, Proclus, *Éléments de Théologie*, 33.

copule, lien de la monade et de la dyade, émanation, fin et milieu de l'une et de l'autre.

Ces trois instances en Dieu sont un seul Dieu : une et indivise est la substance divine, parfaitement égale à soi, identique à soi, semblable à soi, sans le moindre mélange de matière et de contrariété, rassemblée sans confusion, distincte et triple sans division, une dans sa trinité, triple dans son unité. Son entendement est inséparable de sa mémoire et tous deux inséparables de leur forme spécifique[1]. Aussi grand est l'entendement divin, aussi grande est sa mémoire. Aussi grande est leur union, aussi grand est le souffle sacré, l'esprit, l'espèce et la sainte effluve résultant de cette union. L'entendement divin tout entier est présent à la mémoire divine tout entière, et celle-ci tout entière présente à celui-là. Tous deux sont tout entiers dans leur forme spécifique et cette forme sainte, vit intégralement en l'un et l'autre.

CHAPITRE XXIX

QUE SEULS LES FIDÈLES DU CHRIST PEUVENT À BON DROIT SE GLORIFIER DE CONNAÎTRE LA DIVINE ET TRÈS SAINTE TRINITÉ

| Dans la connaissance de la très haute et suressentielle **134r.** cause de tout, la bienheureuse Trinité, et dans la foi très sainte en ce mystère, les fidèles du Christ peuvent être à bon droit glorifiés aux yeux de tous, parce que cette vérité mystérieuse et suréminente, qui est cachée, depuis la fondation du monde, à

---

1. *Species* est ici l'expression de la réflexion de la mémoire dans l'entendement.

l'hérésie des gentils et des hébreux, qu'aucun sage, philosophe ni mage usant de la sagesse du monde, n'a jamais pu pénétrer de la lumière naturelle de l'intelligence, qui ne s'est fait connaître qu'à un nombre infime de prophètes au temps où l'on était encore dans les ténèbres, ne s'est révélée en toute clarté qu'à eux seuls. Seul le divin maître des chrétiens, né du sein d'une vierge sous une étoile miraculeuse, a apporté du ciel sur la terre la lumière d'un si grand savoir – la divine trinité – seul il a révélé le nombre et la richesse de la substance divine[1]. Il fut le premier à enseigner les distinctions divines, lui qui sous le vêtement de l'humanité terrestre et périssable était l'un des trois principes de la divinité tout entière. Il était en effet la dyade de la divinité, qui a affirmé, attesté et proclamé sur la terre qu'elle avait été de toute éternité issue divinement de la monade paternelle puis plus tard sur terre humainement, deux fois engendrée, avant le temps puis dans le temps.

Il a enseigné que tout ce qui était à lui appartenait à la monade paternelle et que tout ce qui appartenait à la monade paternelle était à lui. Il a fait connaître que tout ce qu'il possède, jusqu'à la forme[2], et au souffle de l'un et de l'autre, est à lui et à la monade paternelle.

Aussi, en premier lieu, les paroles très fécondes de la vie éternelle et les très puissantes exhortations de la dyade divine, en tant que suprême et très convaincante autorité, nous incitent à confesser le nombre divin, la divine génération et la trinité. Ensuite les innombrables conjectures, offertes à tous, tirées

---

1. Si la Trinité peut être entendue comme l'archétype de l'union des extrêmes à la faveur d'un moyen, le dogme relève cependant de la Révélation et non d'une démonstration rationnelle.

2. La forme (*species*) est ici l'expression de la réflexion du Fils dans le Père, donc de l'amour procédant de leur union.

des phénomènes naturels[1], poussent à ce degré d'assentiment, de foi et de très ferme certitude. Enfin la lumière de l'intelligence, qui depuis le lever de la vraie lumière, éveille et illumine l'esprit de l'homme, dévoile et manifeste ce mystère inconnu du siècle et invisible pour les anciens. L'intelligence est en effet l'accomplissement de la foi et la foi le prélude de l'intelligence et son commencement sacré.

CHAPITRE XXX

LES SIGNES SENSIBLES QUI FONT CONNAÎTRE LA DIVINE ET TRÈS HAUTE TRINITÉ

Il ne serait pas incongru de donner ici de cette bienheureuse Trinité divine quelques témoignages sensibles, par lesquels la nature désire en des conjectures plus précises nous rendre conscients d'un si grand mystère et nous donner accès à la lumière d'une science si élevée. La nature en effet offre à nos regards des signes très manifestes de ce que l'œil n'a pas vu, l'oreille n'a pas entendu et qui jamais n'a pénétré le cœur de l'homme[2].

---

1. Si la Trinité divine ne nous est révélée que par l'enseignement de Jésus-Christ, innombrables sont pourtant les signes qu'un tel dogme permet d'interpréter tant dans l'esprit humain que dans la Création tout entière. À la suite d'Augustin, Scot Erigène invite le philosophe à *invenire, reperire, scrutari Trinitatem ... vestigia quaedam sunt adque théophaniae veritatis* (*De divisione naturae*, II, p. 568 *sq.*, trad. Bertin, p. 343 *sq.*).

2. Bovelles étend les analogies trinitaires, développées par Augustin au plan de la psychologie humaine, à la Création tout entière : règne végétal, phénomènes météorologiques, processus biologiques, univers planétaire, symbolisme géométrique, âges de la vie, degrés de l'être. Précisons toutefois

En effet si nous croyons que la nature entière est parfaite, nous sommes d'avis assurément qu'elle est aussi trine et nous affirmons qu'en toute réalité naturelle le nombre de la trinité divine brille et se trouve clairement exprimé. Toute chose parfaite est en effet trine. Si l'on se pénètre profondément de l'idée que Dieu est de toutes choses l'artisan, l'inventeur, le créateur, nous convenons de surcroît qu'il est parfait et trine : puisque toute créature est quelque chose de divin – œuvre divine, éclat et manifestation de Dieu – toute créature aussi sera comme la marque, le reflet, l'empreinte du sceau divin, portant en elle les traces claires et nettes de la divine perfection et de la trinité. Aussi est-ce de presque toute partie de la matière, de toutes les réalités naturelles qu'une connaissance si élevée et si difficile pénètre profondément nos esprits, y chemine manifestement, s'y déploie visiblement. Efforçons-nous donc de décrire les signes réclamés par l'homme.

L'espèce humaine est unique ; d'un acte triple cependant Dieu la pose dans l'être et la conduit à la perfection : l'homme originel et par soi Adam, Ève qui procède d'Adam, Abel enfin qui procède d'Adam et d'Ève.

Substance une et indivisible, l'âme raisonnable est, sans connaître la division, triple, nombreuse et féconde : différenciée en entendement, mémoire et volonté, c'est-à-dire en acte de contemplation. L'entendement n'est ni la mémoire ni la volonté, la mémoire n'est ni l'entendement ni la volonté, la volonté n'est ni l'entendement ni la mémoire : ils sont cepen-

---

que Bovelles ne parle pas ici d'images (*imagines*), mais de traces (*vestigia*) et d'indices (*signa*), auxquels il donne valeur de conjectures (*conjecturae*) et de témoignages sensibles (*sensibilia praesidia*).

dant en relation réciproque, égaux et semblables, constituant en outre une seule et même âme [1].

Un point au milieu d'une ligne, bien qu'il soit substantiellement unique et insécable, sera cependant triple aux yeux de la raison. Il est en effet à la fois la fin du premier segment, le commencement du second et le milieu du tout.

| L'arbre est un, rassemblé sur sa souche, distinct en ses **134v.** rameaux, sur lesquels il ne porte que trois productions : les feuilles, les fleurs et les fruits.

Le nuage aussi est une seule substance liquide, mais il est trois fois fécond. En effet il ne se résout qu'en trois manifestations : la pluie, la neige et la grêle, que rassemble ce poème :

> Pluie, neige et grêle sont nées toutes trois du nuage.

L'alimentation du vivant passe par trois organes : la bouche, l'estomac et le cœur. La nourriture est prise par la bouche, accumulée par l'estomac, digérée enfin par le cœur pour passer dans la substance du vivant.

Chez l'homme aussi, le premier des vivants, l'aliment est soumis à la coction d'une triple chaleur et d'un triple feu, le premier céleste, le second élémentaire, le troisième humain, le soleil, le feu, le cœur. Ces trois feux accommodent la substance alimentaire de l'homme, avant que de matière elle se change en sang. En effet, le soleil mûrit les fruits et fait croître herbes, plantes et animaux ; puis le feu élémentaire réduit et dissipe tout ce qui en eux est crudité et humeur contraire ou superflue ; enfin la chaleur du cœur de l'homme change toute chose en sang.

---

1. Cf. *Commentarius* (sic) *in primordiale evangelium divi Joannis*, Paris, J. Badius, 1514, fol. 6v.

Le nombre de l'âme est triple. Toute âme est en effet raisonnable, sensitive ou végétative. Ce qui ne possède que l'être est inanimé et privé d'âme.

Triple est l'entendement : divin, angélique et humain. On appelle l'entendement divin du nom particulier d'esprit (*mens*) ; on considère l'angélique comme l'entendement proprement dit, l'humain comme la raison.

La sagesse est triple : divine, angélique et humaine. Toute sagesse est en effet connaissance de soi. Il y a trois êtres orbiculaires et capables de se connaître : Dieu, l'ange et l'homme. Il en résulte que toute sagesse est connaissance immatérielle et que toute connaissance immatérielle est sagesse. Il s'ensuit que le principe de toute division et de toute altérité est dans la matière, puisque toute connaissance du même par lui-même est étrangère à la matière [1] et que toute connaissance matérielle se produit dans la division et l'altérité de la substance : en elle autre est ce qui regarde et autre ce qui est regardé ; les extrémités diffèrent du milieu.

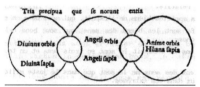

Le soleil est premier, lumineux par lui-même, origine de sa propre lumière ; du soleil la lumière se porte sur la lune ; du soleil et de la lune sur la terre. Le soleil ne reçoit de nulle part aucune clarté [2], la lune est éclairée par le soleil, la terre par l'un et l'autre.

---

1. La matière différencie, l'esprit identifie et unifie.

2. On sait que *lux* désignait traditionnellement la lumière subjective, l'œil étant pris pour l'origine des rayons, *lumen* la lumière objective ou dérivée. Quand l'optique inversa l'ordre des rayons, un certain flottement se manifesta

| Il n'y a que trois dimensions dans l'espace : longueur, **135r.** largeur et profondeur ; trois grandeurs et quantités continues : la ligne, la surface, le solide, qui ont même source et origine, le point.

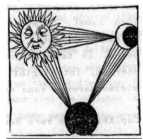

Au nombre de trois sont les premiers et principaux ordres numériques : linéaire, plan et solide, qui procèdent et prolifèrent à partir de la même et très simple unité comme les dizaines, les centaines et les milliers. En effet à considérer les nombres en leur succession, leur disposition et leur distribution de dix en dix selon un ordre décimal, la première dizaine est le nombre de la ligne, la

dans l'usage des deux termes. Chez Bovelles, *lux*, perd son acception subjective mais connote toujours l'origine, tandis que *lumen* désigne toute lumière dérivée. Nous traduisons le premier terme par *lumière*, le second par *clarté*.

première centaine celui du plan (le carré), le premier millier celui du solide (le cube).

La pensée humaine est une, mais trois sont ses marques et expressions : le concept, la voix, l'écriture. Il n'est d'apprentissage du savoir qu'en eux ou par leur entremise ; et de ces signes procèdent les trois actes cognitifs de l'âme humaine : la conception, la parole, la rédaction.

Au ciel les torches porte-lumière sont de trois sortes : le soleil, les planètes que l'on appelle errantes et les étoiles. Le soleil est en effet la source et l'origine de la lumière, qui en dérive pour être portée vers les astres errants et les étoiles du firmament.

Le soleil a trois visages : celui du matin, celui de midi, celui du soir. Il se manifeste aux yeux des mortels sous ses trois différences : d'abord au lever, ensuite au zénith, enfin au coucher. Au septentrion comme comme au milieu de la nuit il nous est caché.

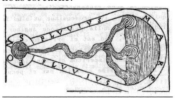 Le mouvement des eaux s'effectue selon trois modes : la source, la rivière et la mer. La source en effet est l'origine des eaux, la rivière en est le milieu, la mer le terme, l'accumulation et la position d'équilibre. La source est le premier jaillissement des eaux, leur manifestation extérieure, leur premier surgissement à partir de leur séjour latent dans les entrailles de la terre. La rivière, qui tient le milieu, est l'agent qui les pousse et les porte à leur lieu naturel. La mer enfin est leur réservoir, leur accumulation, leur position d'équilibre, leur terme et leur dernier état.

Par une trinité, les géomètres définissent les figures[1] des angles rectilinéaires : obtus, droits et aigus ; ceux-ci sont délimités par trois lignes concourantes en un même point.

En son lieu et repos, l'homme connaît trois positions différentes : couché, assis ou debout. Être couché est la position de la nuit et du sommeil. La position assise est celle du temps intermédiaire, le petit matin ou le soir, lorsque l'homme émerge du sommeil ou commence à dormir. La station debout est celle qui sied le mieux à l'homme, la position de midi.

Les mouvements des vivants peuvent être envisagés de trois manières : selon la quantité, la qualité et le lieu. Les vivants en effet croissent, changent ou se déplacent. Selon la substance, on ne peut proprement parler du mouvement par lequel ils commencent à être ou cessent d'être. Ce qui devient n'est pas encore ; ce qui cesse d'être ne subsiste pas intégralement. Tout mouvement naît de l'âme. Or puisque l'âme est triple, | végétative, sensitive et raisonnable, il est nécessaire **135v.** qu'il n'y ait que trois impulsions : l'une venant de l'âme végétative, l'autre de l'âme sensitive, l'autre enfin de l'âme rationnelle. La croissance est mouvement de la vie, le changement est altération du sentiment, le déplacement est impulsion de la raison. Tous les êtres qui se nourrissent croissent ; tous ceux qui sentent sont soumis à la douleur et à la tristesse ; seul l'homme véritablement change délibérément, volontairement, à dessein, pour se conformer, au moment voulu, à la droite raison, prévoyant le but de son mouvement, avant même de se mouvoir. Les êtres privés d'âme, comme les pierres, apparaissent dépourvus de mouvement.

---

1. *Species* désigne ici la figure géométrique.

Mouvement	Âme	Végétative	Vie	Croissance
Mouvement	Âme	Sensitive	Sensibilité	Changement
Mouvement	Âme	Raisonnable	Raison	Déplacement

Les états de l'enfant sont au nombre de trois : le premier dans le petit monde, le second dans le petit et le grand à la fois, le troisième dans le grand monde. Son état dans le petit monde est au lieu même de sa conception, quand il est encore dans le sein de sa mère. Son état moyen est au temps de sa naissance, quand il passe des ténèbres du petit monde à la lumière du grand monde. Le troisième et dernier est dans le grand monde en lequel il croît en âge et en sagesse jusqu'à la maturité. Le premier état de l'enfant est comparable au concept de la pensée qui est caché dans l'esprit, comme l'enfant dans le sein de sa mère. Le second est très semblable à la voix, qui est la première naissance et expression de la notion ; l'enfant en naissant n'émet-il pas un premier cri et ne commence-t-il pas à se faire entendre ? Le troisième est comparable à l'écriture qui est accumulation, fixation et conservation de la voix.

Dans le grand monde encore l'accomplissement de l'enfant s'effectue selon une triple différence et selon trois états successifs. En effet, comme nous l'avons dit au début de cet ouvrage[1], il est d'abord à l'état de plante, puis dans la nature de l'animal, enfin il s'établit dans son humanité et vit comme un homme. Il est en effet à l'état de plante, lorsque nourrisson il est encore attaché au sein de sa mère et qu'il ne se meut pas encore de lui-même d'un lieu à un autre. Il est ensuite dans la nature de l'animal, lorsqu'il grandit et se développe et que, sevré et commençant à marcher, il s'avance à quatre

---

1. *Supra*, chap. III.

pattes comme une bête. Il vit enfin en homme, lorsqu'il parvient de l'adolescence à l'âge adulte, que son esprit mûrit et qu'il acquiert culture et maîtrise de soi. En effet puisque la même âme humaine est végétative, sensitive et raisonnable, de même que de ces trois différences de l'âme la végétative a été créée la première, la sensitive la seconde, la raisonnable la dernière, de même dans l'homme se produit une succession d'actes et non de forces ni d'âmes; se manifestent d'abord en lui les actes de la partie végétative, puis de la partie sensitive, enfin la raison parvient dans le même sujet à son accomplissement et à sa perfection [1].

Par ces degrés, insensiblement, l'âme raisonnable s'élève au sommet de son caractère propre et de sa perfection naturelle; au moyen d'eux elle se cherche et s'achemine vers son lieu propre, d'abord et dès l'âge le plus tendre mue par le seul acte vital, puis par l'acte sensitif; parvenue enfin à la maturité et à la maîtrise d'elle-même, c'est à l'acte le plus élevé, celui de la raison, qui lui appartient en propre et qui est à sa mesure, de l'installer en sa nature et, l'ayant faite adéquate à elle-même, de réaliser son unité. En effet, tant qu'elle n'exerce qu'un acte vital ou sensitif, elle est inférieure à elle-même, hors de son assiette, agitée en son corps, aux prises avec lui. Dès qu'elle est mue par la raison, elle s'élève au-dessus du corps, s'installe en elle-même et y demeure. C'est à travers le corps entier que l'âme en effet suscite la vie et aussi le sentiment; l'exercice de la raison en revanche ne s'accomplit en aucune partie du corps, mais seulement dans l'âme.

---

1. Pour distinguer entre le végétatif, le sensible et le raisonnable, Bovelles ne distingue pas trois âmes en l'homme mais trois actualisations d'une seule et même âme.

L'âme humaine encore fait sa pâture et son instruction de trois espèces, sensitive, imaginative et raisonnable : la sensitive qui vient du monde, l'imaginative qui vient du corps, la raisonnable qui procède d'elle-même. Le monde en effet émet par vibration l'espèce sensible ; le corps suscite l'espèce imaginaire comme une hantise de l'âme ; enfin l'espèce rationnelle demeure en l'âme qui se la donne à elle-même en spectacle. En cette dernière seulement réside la science, la culture, l'accomplissement, la fin de l'homme [1].

Dans les sens aussi brille une trinité avec une étonnante symétrie et proportion. En effet, comme nous l'avons enseigné dans notre traité *Du Sentiment*[2], les uns sont destinés à présenter, servir, offrir ; les autres réceptifs jugent, apprécient, règlent et prennent en charge ce qui leur a été offert par les premiers. Les mains en effet, organe du toucher, fournissent aux yeux les écritures, les couleurs et toute espèce de peintures. La bouche offre à l'ouïe les voix, leur accord et toute harmonie. L'odorat pénètre le cerveau, séjour de l'imagination et de ses fantômes, de parfums variés et le flatte agréablement de leur douce senteur. Il y a donc trois sens pourvoyeurs : le toucher, le goût et l'odorat, et trois sens pourvus : la vue, l'ouïe et l'imagination ; trois choses enfin qui sont offertes et dont ceux-là alimentent, nourrissent et entretiennent ceux-ci : la couleur, la voix et l'odeur. Il y a donc une triple trinité dans les sens : la première celle des sens pourvoyeurs, la seconde celle des pourvus, la troisième celle des objets que les pourvoyeurs offrent à ceux qui l'emportent sur eux.

---

1. L'émission des espèces ou simulacres s'explique soit par la vibration du monde, soit par une imagination génératrice de fantômes, soit par la simple présence de l'âme à elle-même.

2. *De sensu*, chap. XXXI, éd. cit., p. 52v.

| La triple trinité des sens

Pourvoyeurs	La main	La bouche	L'odorat
Objets	L'écriture	Les voix	Les parfums
Dominants	La vue	L'ouïe	Le cerveau

Et si l'on classe en genres toute connaissance et faculté cognitive, on obtient trois trinités. Il y a en effet trois connaissances immatérielles, divine, angélique et humaine : l'esprit, l'entendement, la raison. Six matérielles en revanche : un sens interne et cinq sens externes, l'ouïe, la vue, l'odorat, le goût et le toucher. Nous avons enseigné dans notre traité *Du Sentiment*[1] que de toutes ces connaissances l'homme d'une certaine façon n'était pas maître. L'homme est en effet trois fois trine et par nature il est éclairé de neuf luminaires, flambeaux et torches, je veux dire de l'éclat des connaissances naturelles. Hors de la matière, il est trois fois lumineux, ayant part à l'esprit, à l'intelligence et à la raison ; engagé dans la matière, il l'est deux fois trois fois, resplendissant par l'imagination et les cinq sens. Par son nombre la connaissance matérielle est le double de la connaissance immatérielle.

Les dialecticiens distinguent trois figures ou modes de syllogisme selon trois dispositions. En effet le moyen, comme ils disent, se place au milieu, au commencement ou à la fin. Ils définissent la première figure comme celle dont le moyen est au milieu ; la seconde celle dont le moyen est en première position ; la troisième celle dont le moyen est en dernière position. Dans le raisonnement, le premier terme est celui qui comprend tous les autres et s'applique à eux ; le dernier celui

---

1. *Ibid.*, *epistola dedicatoria*, p. 21r.

qui est compris par eux et à qui ils s'appliquent ; le moyen, celui qui est subordonné au premier et qui comprend le dernier.

Dernier		
Moyen	Première figure	
Premier		
Dernier		Les trois figures du syllogisme
Premier	Deuxième figure	selon la triple disposition
Moyen		du moyen
Moyen		
Premier	Troisième figure	
Dernier		

Tout raisonnement dialectique se développe en trois termes et trois propositions. Les termes sont : l'extrême majeur, l'extrême mineur et le moyen. Les propositions sont : la majeure, la mineure et la conclusion, qui est tirée des deux extrêmes ou prémisses. La majeure est comparable à l'entendement, la mineure à la mémoire, la conclusion à la forme, à l'aboutissement et à la fin de l'un et l'autre.

Et pour justifier les conjectures que nous avons proposées de la divine distinction et trinité, nous reconnaissons que cette trinité est trine et nombrée par son propre nombre. En effet nous avons enseigné que la sagesse était trine : divine, angélique et humaine. Or toute sagesse est connaissance de soi ; et la connaissance de soi est division en trois de ce qui est dit se connaître soi-même. Le nombre de la sagesse est donc aussi celui de la trinité : divine, angélique et humaine. Ces trois réalités que sont l'entendement, la mémoire et la volonté font la preuve qu'elles appartiennent seulement aux trois êtres que sont l'ange, Dieu et l'homme. Triple est donc l'entendement, triple la mémoire et triple la volonté.

Dieu	Entendement	Mémoire	Volonté
Ange	Entendement	Mémoire	Volonté
Homme	Entendement	mémoire	Volonté

Tout ce qui est achevé et parfait est triple par nécessité. Or la sagesse est parfaite et la trinité aussi ; donc la sagesse s'avère triple et la trinité trine aussi.

TRINITÉ EN DIEU	LE PÈRE	LE FILS	L'ESPRIT
TRINITÉ EN L'HOMME	ADAM	ÈVE	ABEL
EXPRESSIONS	PAR AUCUN	PAR UN SEUL	PAR L'UN ET L'AUTRE
TRINITÉ DE L'ÂME	ADAM	ÈVE	ABEL
DANS L'ARBRE	LA FEUILLE	LA FLEUR	LE FRUIT
DANS LE NUAGE	LA PLUIE	LA NEIGE	LA GRÊLE
DANS L'ANIMAL	LA BOUCHE	L'ESTOMAC	LE CŒUR
PROPRIÉTÉS	PRENANT	ACCUEILLANT	ASSIMILANT
DANS LE MONDE	INTELLECTUEL	CÉLESTE	SENSIBLE
DANS LE CORPS	LA BOUCHE	LE NERF	LA CHAIR
DANS LES SCIENCES	L'ORDRE DU DISCOURS	L'ORDRE DU RÉEL	L'ORDRE DE LA NATURE
DANS LES PLANTES	ARBRE	REJETON	JEUNE POUSSE
DANS LE SOLEIL	LUMIÈRE	CLARTÉ	OMBRE
DANS LA LUNE	CONJONCTION	MILIEU	OPPOSITION
DANS LE CERCLE	CENTRE	RAYON	CIRCONFÉRENCE
|DANS LES FEUX	SOLEIL	FEU	CŒUR
PROPRIÉTÉS	MATURATION	CUISSON	DIGESTION
DANS LES ÂMES	VÉGÉTATIVE	SENSITIVE	RAISONNABLE
DANS L'INTELLECT	DIVIN	ANGÉLIQUE	HUMAIN

136v.

DANS LA SAGESSE	DIVINE	ANGÉLIQUE	HUMAINE
DANS LE MONDE	SOLEIL	LUNE	TERRE
LES DIMENSIONS	LONGUEUR	LARGEUR	PROFONDEUR
À NOUVEAU	LIGNE	SURFACE	VOLUME
LES NORMES	LINÉAIRE	PLAN	SOLIDE
L'INSTRUCTION	CONCEPT	VOIX	GRAPHIE
LES CORPS LUMINEUX	SOLEIL	PETITE PLANÈTE	ÉTOILE
LES PHASES SOLAIRES	LEVANT	COUCHANT	MIDI
LE MOUVEMENT DES EAUX	SOURCE	FLEUVE	MER
LES ANGLES	OBTUS	AIGU	DROIT
LES POSITIONS DE L'HOMME	ÊTRE COUCHÉ	ÊTRE ASSIS	ÊTRE DEBOUT
LES MOUVEMENTS	CROISSANCE	ALTÉRATION	DÉPLACEMENT
LES PROPRIÉTÉS	QUANTITÉ	QUALITÉ	LIEU
LES STADES DE L'ENFANCE	PRÉNATAL	NATAL	POSTNATAL
L'ÂGE DE L'HOMME	NOUVEAU-NÉ	ENFANT	ADULTE
LA NOURRITURE DE L'ÂME	SENSIBLE	IMAGINAIRE	RATIONNEL
LES SENS	IMAGINATION	OUÏE	VUE
LES SENS INFÉRIEURS	ODORAT	GOÛT	TOUCHER
LES OBJETS	ODEUR	LUMIÈRE	ÉCRITURE
LES FACULTÉS INTELLEC- TUELLES	ESPRIT	ENTENDEMENT	RAISON

LES SYLLOGISMES	LE GRAND EXTRÊME	LE PETIT EXTRÊME	LE MOYEN TERME
LES SYLLOGISMES	LA PREMIÈRE FIGURE	LA SECONDE	LA TROISIÈME
LES SYLLOGISMES	MAJEURE	MINEURE	CONCLUSION

Éclairé par ces conjectures et témoignages sensibles, l'esprit humain obtiendra en quelque manière une connaissance raisonnée et une foi très solides en la divine Trinité, puisque, de cette même source surnaturelle du divin, se sont répandues toutes choses, matérielles et immatérielles, visibles et invisibles, qui sont les traces et indices de cette vérité cachée et supérieure ; puisque presque tous les ordres de réalité se divisent par trois et sont triples, il est conforme à la raison que toute trinité créée ait tiré son origine de la Trinité divine éternelle et incréée.

Mais les mêmes réalités sont autrement dans les indices, autrement dans les causes, les archétypes et les modèles. En effet, en ces conjectures que nous avons présentées, se rencontrent le plus souvent l'inégalité, le morcellement de la substance, l'antérieur et le postérieur ; mais, de l'inégalité entre les signes, on doit conjecturer la plus parfaite égalité en Dieu ; du morcellement de la substance, la plus parfaite continuité et homogénéité substantielle ; du postérieur et de l'antérieur, l'éternité. Tout d'abord, en effet le concept, la voix et l'écriture sont en vérité égaux entre eux. Le concept embrasse toutes choses, la voix et l'écriture aussi : ils sont cependant séparés les uns des autres et s'expriment à partir de lieux différents : le concept est dans l'esprit, la voix dans la bouche, l'écriture sur le papier ; le concept précède la voix et la voix l'écriture.

Revenons aux trois angles rectilinéaires : l'obtus, le droit et l'aigu ; bien qu'ils se rencontrent en un même point, d'où sont tracées les trois lignes, ils sont cependant inégaux. L'obtus est plus grand, le droit entre les deux, l'aigu plus petit. Et dans la trinité de l'âme que nous avons posée entre l'entendement, la mémoire et l'espèce intellectuelle procédant de l'un et de l'autre – de l'union des deux se produit la contemplation, l'une donnant à voir et l'autre regardant – cette espèce précisément n'est ni naturelle à l'esprit ni consubstantielle à l'entendement et à la mémoire ; elle est en effet nouvelle venue dans l'âme, postérieure aux deux moitiés de l'esprit, l'entendement et la mémoire.

En Dieu, en revanche, rien n'est acquis, rien n'est temporaire, inégal, différent, distinct et séparé de Dieu ; rien enfin n'est antérieur ni postérieur. Toutes choses en Dieu sont unies, de même nature, inséparables, naturelles, non acquises, égales, infinies, simultanées, éternelles. Mais revenons à notre recherche du sage dont nous nous sommes de trop loin et trop longtemps écartés.

CHAPITRE XXXI

POURQUOI LES ROMAINS ONT-ILS FIGURÉ LE SAGE
PAR UN JANUS À DEUX ET QUATRE VISAGES

137r. | Les Romains non sans à propos figurèrent le sage sous les traits de Janus le dieu des seuils et des portes : on rapporte qu'ils avaient l'habitude de le peindre tantôt avec deux tantôt avec quatre visages. Avec deux visages : celui en effet qui monte la garde à la porte doit regarder de l'un l'extérieur de la maison et de l'autre l'intérieur. Avec quatre visages : à celui en effet qu'ils imaginèrent doué par la nature de deux faces pour regarder, ils ajoutèrent deux visages, l'un qui est vu du dehors, l'autre du dedans. En effet ce qui est vu du dehors est un visage ; de même ce qui est visible du dedans est l'autre face. Donc avec sa double paire d'yeux dirigés tant à l'intérieur qu'à l'extérieur, celui qui à l'origine avait double visage, se trouve avoir du fait de la réciprocité de la vision quatre visages[1]. La puissance en effet qui regarde tantôt un objet externe, tantôt un objet interne, est d'une certaine façon affectée par la forme de l'un et de l'autre, devient semblable à l'un et à l'autre, prend et revêt le visage des deux[2].

Pour de nombreux motifs, le sage est aperçu sous deux et quatre visages. En effet, comme nous l'avons maintes fois répété au début de cet ouvrage[3], le sage n'est pas un homme pur et simple, mais il est deux fois homme, l'homme de l'homme si l'on veut : homme selon la nature et homme selon la vertu ; homme extérieur et homme intérieur ; homme dans le monde et homme dans l'homme. En effet le sage, en habile artisan de lui-même, a produit, à l'imitation de l'homme naturel, l'homme de vertu, appelé homme de culture, image, éclat, manifestation, sagesse de l'homme originel. L'homme naturel que nous sommes est l'homme terrestre dépourvu de vertu et ignorant de lui-même, voué au seul monde et ne regardant que lui. L'homme de culture au contraire résout l'ignorance de l'autre, dissipe ses ténèbres, le détourne du monde, le retourne sur lui-même et le fixe en soi. Le sage a donc bien deux visages, appartenant au monde par celui qui est naturel et tourné vers le dehors, vraiment homme par celui qui est acquis

1. *Visage* tour à tour au sens subjectif de ce qui voit et au sens objectif de ce qui est vu.

2. Si le regard est puissance, il reçoit de son objet espèces ou formes qui lui donnent à voir et lui confère aussi objectivité : ainsi le voyant devient visible.

3. *Supra*, *Epitre dédicatoire*, chap. I et VIII.

et tourné vers le dedans. Lui qui naturellement regardait vers le
monde, apprend par art, vertu et enseignement à se sonder lui-
même et à se regarder.

Le sage est d'une certaine façon un milieu entre lui-même
et le monde, puisqu'il vit tantôt dans le monde et tantôt en lui-
même. En effet, la nature le fait homme sur le seuil de l'un et de
l'autre, à leur frontière commune : tantôt pénétrant au moyen
du sentiment dans les profondeurs du monde, tantôt revenant
du monde sous l'impulsion de l'esprit, il fait retour à son
intimité et examine tout ce qu'il a sous la peau dans le silence
de son cœur. Le sage recouvre le pouvoir de dévoiler, d'ouvrir,
de libérer tant lui-même que le monde. Il accède et s'ouvre
tantôt au monde, tantôt à lui-même. Il est au début fermé et
caché à lui-même, ayant encore commerce avec le monde. Il se
ferme ensuite au monde, tirant barrières et verrous, lorsqu'il
rentre en lui-même, s'ouvre à lui-même au terme de son
errance mondaine, et qu'après avoir été l'élève du monde et
l'esclave des sens, faisant retour à sa pensée, il se pose par la
contemplation en maître et éducateur de lui-même.

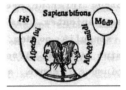

Nous nous efforçons de montrer que
le sage a quatre visages par la raison
suivante. Nous avons enseigné[1] que
la sagesse se réalisait entièrement
non seulement dans la dyade
humaine, mais dans une certaine
triade. Le sage est en effet trois fois homme : homme par
nature, c'est-à-dire raisonnable ; homme par l'âge, c'est-à-dire
viril ; homme par la vertu, c'est-à-dire cultivé et sage. Nous

---

1. *Supra*, chap. XXII et XXVII.

avons dit plus haut[1] que l'homme pouvait être envisagé de trois manières différentes : par la nature, l'âge et la vertu, et que sage il l'était homme de toutes les manières, lui qui à l'homme par la nature et par l'âge en ajoute un troisième, impérissable acquis, l'homme de culture. Ce troisième homme est en effet l'accomplissement, la fin, l'aboutissement, la contemplation et la sagesse de l'homme ; il est la forme des deux extrêmes, l'homme par la nature et l'homme par l'âge, leur émanation, leur production, leur lien, leur amour, leur nœud, en quoi s'expriment l'image, la ressemblance et la nature des deux extrêmes[2]. Puisque donc l'homme de culture est comme l'émanation, la féconde production et le fruit du premier et du second homme – la sagesse naît d'une certaine façon des hommes naturel et temporel, tout comme une conclusion unique procède de deux prémisses – il est nécessaire que le sage possède quatre visages. En effet il a deux visages dans les extrêmes, un visage en chacun d'eux, deux visages encore dans le troisième et véritable homme, celui du milieu, vu qu'il est le lien des deux, le produit de l'un et de l'autre, procédant de l'un et de l'autre, et regardant l'un et l'autre. Et tant les extrêmes que le moyen constituent un homme unique, un sage unique, un homme achevé, accompli et différencié, quadruplé sous ses quatre visages.

À titre d'exemple, figurons le premier visage de l'homme par Adam, | le second par Ève, le troisième, mêlé et géminé, **137v.** par Abel, fils de l'un et de l'autre, semblable à l'un et à l'autre, doué du visage et de l'apparence des deux ; puisque Adam, Ève

---

1. *Supra*, chap. IV.

2. La culture remédie à l'usure de l'âge en faisant du temps linéaire un temps circulaire où la fin coïncide avec l'origine.

et Abel constituent par la forme un seul et même homme, une
même nature spécifique de l'homme, cet homme en son apparence finit par être quatre. Les visages extrêmes, disposés face
à face, se regardent; celui qui est au milieu est uni à l'un et
l'autre extrême du fait du redoublement de sa face; il est en
effet l'espèce émanant de l'un et l'autre extrême et leur figure
naturelle.

Et de même que l'être de l'homme a
été accompli dès le commencement en trois actes et en trois
hommes, de même l'accomplissement de l'homme a voulu se para-
chever à sa manière en trois actes et
en trois hommes. L'être de l'homme
est la substance humaine créée par Dieu dès le commencement
et pleinement réalisée en trois figures : Adam, Ève, Abel.
L'accomplissement de l'homme est la vertu et la sagesse, qui
naît en celui-ci de l'activité assise de sa pensée – tranquillité,
dit-on, et stabilité – et de la culture intelligente de son esprit.
Grâce à celle-ci, le troisième homme, c'est-à-dire l'homme de
culture, est formé et d'une certaine manière l'esprit de
l'homme devient trine : capable de comprendre, de se souvenir
et de contempler.

CHAPITRE XXXII

UNE AUTRE FAÇON D'ENTENDRE LE SAGE À QUATRE VISAGES

On peut comprendre autrement que le sage est quadruple.
L'esprit de l'homme en son entier est un homme : l'entendement un homme, la mémoire un homme, et l'espèce procédant

de l'un et de l'autre – qui est introduite dans l'âme par l'entendement et conservée par la mémoire – un homme ; il est parfois permis d'appeler les parties du nom du tout. Par la nature, l'homme n'a été parfaitement réalisé que par la possession des extrêmes, entendement et mémoire, mais il est resté, depuis le commencement, inachevé et imparfait pour ce qui est de la forme de ces deux facultés, qui dépend très peu de la nature.

Au commencement, l'âme de l'homme est comparable aux prémisses sans conclusion d'un syllogisme, aux extrêmes sans moyen terme, à la monade et à la dyade sans la triade. Et lorsque l'homme raisonne et s'instruit, il tire de l'usage naturel de l'entendement et de la mémoire l'espèce moyenne émanant de l'un et de l'autre, comme des prémisses la conclusion, des extrêmes le moyen, de la monade et de la dyade la triade et, par là, lui qui était jusqu'alors inachevé, ici parvient à sa perfection ; d'insensé, il devient sage, d'homme deux fois, il devient trois fois homme, homme par l'intellect, homme par la mémoire et homme par l'acquisition de l'espèce moyenne.

L'âme de l'homme sage et achevé est donc quadruple, elle a quatre visages. Son premier visage est intellectuel, celui par lequel l'entendement regarde la mémoire. Le second est celui de la mémoire, par lequel tourné vers l'entendement elle l'examine. Médianes en revanche et acquises, les faces de l'âme achevée sont constituées par l'espèce moyenne émanant des deux premiers visages et engendrant la contemplation ; une de ces faces se tourne vers la mémoire, une autre vers l'entendement ; l'espèce moyenne en effet, acquise de cette façon, est située entre les parties extrêmes de l'âme, l'entendement et la mémoire, celle-ci dans la contemplation la présentant à celui-là et celui-là la regardant. Et de même qu'il y a deux regards des yeux extrêmes de l'âme, celui de l'entendement et celui de

la mémoire, de même il y a deux regards de tout l'œil médian
c'est-à-dire de l'espèce procédant de l'un et de l'autre et quatre
de l'ensemble de l'âme. L'âme de l'homme achevé est douée
de trois paires d'yeux, j'entends au sens spirituel, deux naturelles, simples et extrêmes, une seule acquise, médiane,
hybride, regardant en plusieurs directions, voyant tantôt le
soleil – c'est-à-dire l'entendement – tantôt la lune – c'est-
à-dire la mémoire. L'entendement est en effet le soleil de
l'âme, l'origine et le principe de toute la science humaine et de
son invisible lumière. La mémoire en est la lune, reflétant cette
lumière invisible venue du soleil et de l'entendement. Leur
forme médiane acquise est comme leur terre, que les deux
luminaires extrêmes éclairent, équilibrent en la plaçant entre
eux deux, portent et soutiennent.

Enfin on peut ajouter une autre raison aux quatre visages
du sage. Si la sagesse est, comme nous l'avons dit, connaissance de soi et science parfaite, la folie sera inconnaissance de
soi et ignorance.

En effet imagine un homme doué par la nature de deux
visages et figures les regardant en des directions opposées et
ne portant pas du tout le regard sur eux-mêmes, les faces
contraires et opposées de ces visages symbolisent l'ignorance
et la folie native de l'homme. Que l'une et l'autre face se
retournent, leur accolade et leur baiser révèlent la science de
l'homme, la sagesse et la connaissance de soi.

Donc l'homme sage, comme nous l'avons dit artisan,
138r. orfèvre, | ordonnateur de lui-même, c'est-à-dire bâtisseur,
sculpteur, décorateur de lui-même, procède de deux hommes,
celui de la nature et celui de la vertu. Chacun d'eux a double
visage et est double. L'homme de la nature en effet est ignorance de soi et d'une certaine manière folie. L'homme de

culture ou homme de vertu est appelé connaissance de soi, lumière, vision, science et sagesse. L'ignorance de soi n'est assurément rien d'autre que l'ignorance respective des deux visages qui cessent de se faire face pour se tourner le dos. La connaissance de soi est le baiser de bienvenue que se donnent les deux visages qui se regardent.

Aussi dit-on que le sage a deux fois deux visages, deux visages du fait de la nature et deux du fait de la vertu, deux d'abord dans l'ignorance de soi, deux ensuite dans la connaissance de soi. Le sage est fait de ténèbres et de lumière, de puissance et d'acte, d'ignorance et de science. Il a en effet pour commencement les ténèbres, la puissance, l'ignorance, le dos à dos, la division et pour fin et achèvement la lumière, l'acte, le face à face, l'accord, l'union.

Chapitre XXXIII

Les quatre visages du sage peuvent donner lieu à deux représentations

Il en résulte qu'il arrive que l'on peigne ou que l'on dessine le sage aux quatre visages de deux façons. Ou bien en effet les visages extrêmes sont dos à dos et regardent en sens opposé, tandis que les moyens se font face et se regardent. De cette manière, l'ignorance et la science du sage, sa folie et sa sagesse sont exprimées, la folie par les extrêmes, la sagesse par les moyens.

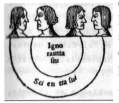

Ou bien les visages extrêmes regardent l'un vers l'autre, tandis que les moyens sont tournés vers les extrêmes. Cette expression du sage est réputée plus pertinente que la précédente. Les visages extrêmes du sage et de l'homme achevé sont en effet l'entendement et la mémoire qui par nature sont tournés l'un vers l'autre et se regardent. Les regards de l'âme relèvent de l'espèce intelligible qui, entre l'entendement et la mémoire comme leur forme commune, se rend spectatrice de l'un et de l'autre.

Nous faisons donc à bon droit l'épreuve que le sage à l'instar de Janus a tantôt deux tantôt quatre visages. Placé en effet au seuil de lui-même et du monde, le sage va tantôt à soi, tantôt au monde, pour s'y ouvrir et s'y montrer.

Il dirige son regard aux quatre coins du monde : le levant, le midi, le couchant et le point de minuit. Il est présent au monde entier et à tous les êtres, son œil embrasse et voit toutes choses.

Personne ne le frappe de dos, aucune grimace ne lui est faite par derrière. Pur de cœur et l'âme en paix, il vit comme le ciel très clair ; il demeure en lui-même content de soi et se suffisant à lui-même. Il est en effet pluriel, un et multiple à la fois, à l'abri de tout sentiment de vide et de solitude : jamais affamé, mais toujours plein d'un aliment spirituel, dont son esprit est continuellement et abondamment rassasié.

Il fait preuve d'une double nature, intellectuelle et sensible. Placé, comme nous l'avons dit[1], face aux deux mondes, tantôt il est porté par le moyen des sens vers le monde sensible, tantôt sondant les cieux de sa pensée, il explore,

---

1. *Supra*, chap. XXVI.

fouille et soumet à investigation les choses supracélestes et intelligibles.

En outre, il transpose, ainsi que nous l'avons dit [1], le monde sensible en intelligible et l'intelligible en sublunaire. Les deux mondes sont en effet conjoints dans l'homme qui, en son âme, exprime le monde intelligible et, en son corps, le monde sensible. De plus le sage traduit l'alternance et la succession des dons de la nature, puisque l'homme originel que nous sommes est l'homme naturel et le premier don et échange de la nature; le second, l'homme de la vertu, est comme la rétribution de la nature et la reconnaissance filiale de l'homme envers elle, c'est-à-dire la restitution des bienfaits reçus. Avec l'homme de culture en effet, nous sommes généreux envers la nature, payons ses largesses, applaudissons ses œuvres, la remercions et nous délions enfin de toute dette envers elle. En effet de même que nous relevons de la nature et du droit naturel en raison du don naturel fait à l'homme originel, de même avec l'homme de la vertu, qui est l'humanité seconde c'est-à-dire la sagesse, nous devenons proprement humains, relevant de notre droit propre, c'est-à-dire enfin nôtres.

Chapitre XXXIV

La sagesse est, côté sujet comme côté objet, immatérielle

| La sagesse est, côté sujet comme côté objet, immatérielle. **138v.** Elle relève en effet de la substance immatérielle, car elle est connaissance, science et savoir d'une telle substance.

1. *Supra*, chap. XX.

Puisqu'il y a trois êtres premiers et immatériels, Dieu, l'ange et la raison humaine, il en résulte, ainsi que nous l'avons montré[1], que la sagesse est triple : divine, angélique, humaine. De toutes, la sagesse divine est la principale, la première, incréée, infinie, éternelle : par elle Dieu de toute éternité, avant le commencement des siècles, s'est mystérieusement fait connaître à lui-même, a resplendi pour lui-même, a jeté son éclat et s'est manifesté. La sagesse angélique est celle par laquelle Dieu est connu de l'ange et l'ange de lui-même. La sagesse humaine enfin est celle par laquelle Dieu, l'ange et l'âme sont connus de l'âme. La sagesse divine est monade et seulement connaissance de soi, au-dessus de toute altérité et de toute division. La sagesse angélique, née et créée à partir de la monade divine, est dyade et connaissance non seulement de soi mais aussi de l'autre, à savoir Dieu ; en cette sagesse apparaît la première altérité et la première division. La sagesse humaine, la dernière du genre, est triade ; elle est en effet connaissance de trois êtres : l'âme, l'ange, Dieu.

L'âme raisonnable rassemble d'abord, dans le monde sublunaire, avec l'aide des sens et du corps, les notions, espèces et images de toutes les choses sensibles : de ces formes, elle façonne en elle-même la sienne propre dont elle est l'artisan, la met à part et la produit, pour en faire le commencement de la sagesse humaine et la connaissance de l'âme par elle-même. Puis, après avoir acquis la connaissance de soi, s'élevant graduellement à la perfection plus achevée des anges, elle est associée à la connaissance angélique ; enfin,

1. *Supra*, chap. XXVIII et XXX. *Cf.* M. Ficin, *In Platonis Convivium*, trad. fr. R. Marcel, Paris, Les Belles Lettres, 1956, p. 231.

montant plus haut, elle s'accomplit aussi dans la connaissance de Dieu et participe de la véritable sagesse.

En effet de même que notre œil charnel et visible trouve son plaisir dans l'être visible le plus élevé, le plus beau et le plus brillant, le soleil, de même toute puissance cognitive cherche instamment à être inondée, illuminée et enrichie de l'être connaissable le plus élevé et le plus brillant, Dieu auteur de toute lumière. Dieu est en effet le soleil de toute la nature et l'objet propre et véritable de toute faculté cognitive; en lui « une lumière surabondante, infinie, pure et sans mélange frappe tout regard spéculatif : toujours manifeste, rayonnant sur toutes choses, toujours disponible et prête à se répandre partout », ainsi que l'atteste le saint Aréopagite[1], attirant à soi toutes choses, désirable en elle-même, digne d'être aimée, recherchée et absorbée par tout œil tant matériel qu'immatériel.

Mais l'œil matériel – l'imagination et le sens externe – courbé vers le sol, alourdi par les ans, tassé par l'âge, vieillissant à force de s'éloigner de son origine, ne peut saisir ni puiser cette heureuse et très brillante lumière, ni contempler la gloire de ce soleil caché, alors que « la nuit comme le jour illumine », ainsi que le chantent les saintes écritures[2].

---

1. *Hiérarchie céleste*, IX, 3, éd. cit., p. 134.

2. *Psaumes*, 139, 12. Soleil noir invisible à nos yeux de chair, Dieu est aussi insaisissable que la lumière; nous voyons la couleur, le diaphane, l'image, non la lumière : « Nous ne connaissons la lumière, tout comme Dieu, que par des négations et des similitudes » (M. Ficin, *De lumine*, trad. fr. S. Matton, dans *Lumière et Cosmos*, Paris, Albin Michel, 1981, p. 67).

Chapitre XXXV

Les animaux privés de parole
n'ont aucune connaissance de Dieu

Il en résulte que tous les êtres inférieurs à l'homme, les animaux privés de parole, ne parviennent à aucune connaissance de leur soleil véritable et naturel.

L'immense gloire de celui-ci les éblouit complètement et les aveugle. Ils vivent dans des ténèbres sans fin, la lumière originelle leur étant tout entière invisible. Ils ignorent celui qui fit des plus profondes et plus hautes ténèbres sa tente et sa retraite[1]. Ils sont dépourvus de sagesse et ils ne se connaissent pas eux-mêmes non plus que Dieu leur créateur. En effet ils ne sont faits pour sonder les cieux ni de leur corps ni de leur esprit, non plus que pour s'élever aux demeures sidérales. Nés sur la terre, ils lui sont totalement voués : faits pour mourir, succomber et trépasser sur la terre.

Il en résulte que toute connaissance immatérielle et sagesse trouve justement sa perfection dans la dimension du sénaire, premier nombre parfait[2]. Les connaissances immatérielles sont en effet au nombre de six, bien qu'en apparence il n'y en ait pas plus que trois : la pensée, l'entendement et la raison. C'est qu'il y a trois pensées, deux entendements et une

---

1. *Psaumes*, 18, 12. Ficin dit, dans le *De lumine* qu'il n'y a rien « de plus obscur que la lumière divine ». Si le souvenir de Ficin est présent, la description du transit de la lumière témoigne ici de la rencontre de deux traditions, l'une qui remonte à Plotin (*Ennéades IV*), l'autre à l'interprétation du *Fiat lux* dans le *De luce* et l'*Hexameron* de Robert Grosseteste et à la conception d'une lumière, forme des formes chez Bonaventure.

2. *De duodecim numeris, de exade*, éd. cit., p. 153 ; *Ad germanum ganaiensem epistola*, éd. cit., p. 133v.

raison. En effet nous définissons la pensée par la vue, la science et la connaissance du même par le même ; l'entendement est la connaissance du proche, il procède par contact, de manière immédiate ; la raison enfin est, selon nous, la connaissance médiate, par laquelle un principe cherche, suit à la trace et examine une fin grâce à un moyen terme.

Il y a donc trois pensées : la première par laquelle Dieu lui-même se connaît, la seconde par laquelle l'ange se connaît, la troisième par laquelle l'âme se connaît. De même il y a deux entendements : le premier par lequel l'ange connaît Dieu ; le second par lequel l'âme connaît l'ange. Entre Dieu et l'ange, comme entre l'ange et l'âme aucun moyen terme ne s'interpose. La raison en revanche est unique, qui permet à Dieu de se faire connaître à nos âmes par la médiation de l'ange. L'ange tient en effet le milieu entre Dieu et l'âme et, par son entremise, la gloire éclatante de la lumière divine atteint et pénètre notre âme.

Dieu (connaît)	Dieu (par le)	premier	esprit
Ange	Ange	second	esprit
Âme	Âme	troisième	esprit
Ange	Dieu	premier	entendement
Âme	Ange	second	entendement
Âme	Dieu	unique	raison

| Aussi de cette manière les connaissances immatérielles, **139r.** que nous appelons contemplation et sagesse, font la preuve que figurativement elles remplissent une seule triade, disposée en triangle, mais que numériquement elles constituent une hexade, soit un triangle parfait, ternaire et premier.

Dieu	L'ange	L'âme
L'esprit	L'esprit	L'esprit
L'entendement		L'entendement
	La Raison	

La pensée, telle un point, est monade et unité; l'entendement tel une ligne, est deux points ou dyade; la raison telle une surface, est trois points, ou triade. En effet la pensée s'accomplit en sa simple unité, l'entendement est compris entre deux extrêmes, la raison a trois composantes : elle consiste en principe, milieu et fin. L'unité est figurée par le point, la dualité et les deux points par la ligne, la trinité et les trois points par la surface. Un point n'est rien d'autre qu'un point, deux points composent une ligne, trois une surface.

Ainsi la pensée consiste en l'unité pure et simple et ponctuelle du sujet et de l'objet; l'entendement en leur dualité que figure la ligne; la raison dans leur trinité que figure la surface. En effet ces trois points, envisagés séparément, Dieu, l'ange et l'âme sont trois pensées. Ces deux lignes, Dieu-ange, ange-âme sont deux entendements. Ces trois réalités en revanche envisagées simultanément, Dieu, l'ange et l'âme, que figure une surface, constituent une raison unique c'est-à-dire une connaissance médiate de Dieu, dont le principe et ce qui en découle est l'âme, le moyen terme qui véhicule la lumière, l'ange, la fin de la recherche, Dieu.

La pensée est donc trine, l'entendement et la raison aussi, de différentes manières cependant et pour différentes raisons. Numériquement la pensée est trine, puisqu'il y a trois pensées, trois termes et trois points : Dieu, l'ange et l'âme. Numériquement l'entendement est double seulement; cependant les deux formes d'entendement étant comprises entre trois termes, Dieu, l'ange et l'âme, l'entendement est considéré comme trine. Numériquement la raison est unique en son genre, bien que, quant à son être et à sa composition, elle soit trine; elle résulte en effet du concours de Dieu, de l'ange et de l'âme. La raison est activité logique de l'âme, par laquelle celle-ci traversant l'ange passe en Dieu, s'insère au moyen de l'ange en Dieu, s'empare de sa fin et de son soleil naturel [1].

1	L'esprit	Dieu		
2	L'esprit	L'ange		
3	L'esprit	L'âme		
4	L'entendement	L'ange	L'ange	
5	L'entendement	L'ange	L'âme	
6	La Raison	Dieu	L'ange	L'âme

Il se produit ainsi dans l'âme ce qui se produit dans les syllogismes dialectiques [2]; ceux-ci comptent en effet trois termes et trois propositions. Des propositions deux sont premières, immédiates, principales, simples et relevant de l'entendement, l'une étant appelée la majeure, l'autre la mineure; la troisième est médiate, moyenne, relevant de la raison et induite des extrêmes, on l'appelle inférence et conclusion. Dans les syllogismes, la connaissance des termes est plus simple que celle des propositions et celle des prémisses plus simple que celle de la conclusion. Aussi la connaissance des trois termes est-elle comparable à une triple pensée; celle des

---

1. Ce rôle médiateur de l'ange entre l'homme et Dieu est l'argument même de la *Hierarchia* d'Alain de Lille : « *Homo considerans bonitatem dominicam ab angelica natura instruitur, ut Deum imitetur et ita suscepit summam imaginem et superexcellentis Dei et totum refertur ad ipsum* », dans *Textes inédits*, M.-Th. d'Alverny (éd.), p. 225-226.

2. *Dialectique* s'oppose ici à *rhétorique*; *cf.* Boëce, *De definitione*, P.L. LXIV, col. 891.

prémisses à un entendement double ; tandis que celle de la conclusion peut être mise au compte de la raison. Il est clair que, de la manière la plus logique, des trois esprits dépendent les deux entendements et des deux entendements une raison unique et unique inférence.

Ainsi donc poursuis ton chemin à la trace de l'âme. Dis d'abord que Dieu est connu de lui-même, l'ange de lui-même et l'âme derechef d'elle-même ; ce sont trois pensées, ce sont aussi les connaissances les plus simples de toutes. Établis ensuite Dieu à partir de l'ange et l'ange à partir de l'âme, que Dieu, dis-je, est connu par l'ange et l'ange par l'âme ; de cette manière tu associes les deux entendements : l'un plus grand, l'autre plus petit. Il te faut enfin conclure que Dieu est connu par l'âme, ce qui est la dernière des connaissances immatérielles, la conséquence des connaissances antérieures, l'accomplissement de l'âme dans l'activité raisonnante et la sagesse.

L'esprit	L'esprit	L'esprit
Dieu	L'ange	L'âme
Le grand entendement		Le petit entendement
	La conclusion	

En ce syllogisme, en ce raisonnement, l'âme raisonnable s'accomplit, devient sage, passe en Dieu. Auparavant et de lui-même l'ange en vérité passe en Dieu ; l'âme en revanche sans médiation passe en l'ange et par le moyen de l'ange s'élève jusqu'à Dieu [1].

---

1. *Evadere in Deum*, expression sans cesse reprise dans la suite du texte, désigne le retour en Dieu, *finis* et *consummatio* de toutes créatures.

L'âme privée de raison ne parvient jamais à Dieu. La connaissance dont elle dispose, que nous appelons sensible, se déroule au fin fond du caché et on la peut comparer à quatre points, c'est-à-dire à | un volume de dimension, d'origine et **139v.** de composition quelconques, divisible et dépourvu d'unité, de simplicité et d'immortalité. Les autres connaissances sont immatérielles et au nombre de trois, sans partie, immortelles, simples et comparables aux trois ordres de grandeur : le point, la ligne et le plan.

CHAPITRE XXXVI

LE NOMBRE DIX REMIS EN HONNEUR
PAR LA THÉORIE DU SAVOIR

Autre conséquence, toute connaissance s'élève jusqu'au nombre de la décade[1] et du quatrième triangle. En effet toute connaissance est pensée, entendement, raison ou sentiment. La pensée se constitue, nous l'avons dit[2], dans l'unité, l'entendement dans la dualité, la raison dans la trinité, le sentiment dans la quaternité, qui ensemble font dix.

La pensée est comme le point, l'entendement comme la ligne, la raison comme le plan, le sentiment comme le volume. La pensée est le propre de Dieu, l'entendement celui des anges, la raison celui des hommes, le sentiment celui des bêtes brutes.

---

1. *De duodecim numeris*, de decade, éd. cit., p. 166v.
2. *Supra*, chap. XXXV.

Dieu	L'ange	L'homme	La bête brute
La pensée	L'entendement	La raison	La sensibilité
Le point	La ligne	Le plan	Le volume
1	2	3	4

De ces quatre facultés de connaître, si les trois premières sont immatérielles et la dernière matérielle, semblablement trois sont, du fait de leur création, d'un très humble rang, tandis qu'une seule, incréée et éternelle, l'emporte sur toutes les autres. Ont été créés l'entendement, la raison et le sentiment; seule la pensée est incréée. Sont immatériels la pensée, l'entendement, la raison; seul le sentiment est matériel.

L'ange, le premier, s'insère en Dieu et s'unit à lui. L'âme ensuite s'unit à l'ange, avant de s'unir à Dieu.

De ce raisonnement et syllogisme de la substance [1], dont la conclusion est l'unité de Dieu et de l'âme, les extrêmes sont Dieu et l'âme, le moyen l'ange.

La majeure s'énonce ainsi :	l'ange est Dieu.
La mineure :	l'âme est Ange.
La conclusion :	l'âme est Dieu.

Procède ainsi, raisonne et conclus :

L'ange est Dieu.
L'âme est Ange.
Donc l'âme est Dieu.

---

1. On peut parler d'un *syllogisme de la substance* pour désigner le raisonnement dont le moyen terme désigne la *substance* au sens que Victorinus donne à ce terme, c'est-à-dire le substrat commun à plusieurs existants – ici l'homme, l'ange et Dieu – qui trouvent en Dieu seul le principe et le fondement de leur être. Ainsi se vérifie l'appellation de trinité pour désigner la relation qui unit les trois degrés supérieurs de l'être.

Dès qu'en effet l'ange par la force de la connaissance est passé en Dieu et s'est uni à lui, d'une certaine façon il est Dieu. De même, avant de faire toute voile et toute rame jusqu'à Dieu, l'âme le fait jusqu'à l'ange pour finir par passer par l'ange en Dieu. En effet, comme le veulent les logiciens, les réalités supérieures et antérieures sont prédiquées des inférieures et ultérieures. Dieu est supérieur à l'ange, l'ange antérieur et supérieur à l'âme? Dans la mesure où les réalités inférieures tendent à passer dans les supérieures, on énonce d'abord Dieu à partir de l'ange, puis l'ange à partir de l'âme, enfin Dieu à partir de l'âme. Ce raisonnement de la substance, selon la première figure du syllogisme, se produit de cette façon et selon cet ordre : par les extrêmes de l'ange et de Dieu, de l'âme et de l'ange, l'âme raisonnable s'unit à Dieu et s'insère en lui.

Chapitre XXXVII

Que toute connaissance tend vers Dieu dans la mesure de ses forces

Puisque Dieu est le premier et véritable soleil de toute la nature et l'objet le plus élevé de toute la connaissance, toute faculté de connaître, autant qu'il lui est permis, se tourne vers Dieu comme la puissance vers l'acte ; et elle est comme une vision de Dieu même, le reflet de son éclat ou si l'on veut son émanation naturelle. Chaque puissance cognitive, dans la mesure de ses moyens, s'efforce vers Dieu, comme vers son objet propre, son vrai soleil, sa fin et son achèvement.

Mais Dieu ne brille pas, ni ne se montre, ni ne se révèle de la même façon à toute faculté cognitive : il ne se découvre et ne se dévoile pas à l'entendement, à la raison et au sentiment selon le même visage et le même aspect. En effet il se révèle à l'entendement dans la clarté, à la raison dans la pénombre, au sentiment dans les ténèbres. L'ange en vérité le voit face à face, l'homme le voit obombré; pour la bête brute qui ne le voit d'aucune façon, on dit que Dieu ne peut être vu que dans les ténèbres, dans la nuit, dans la privation de toute lumière.

La lumière même est en Dieu et est Dieu. La clarté est la première émanation et le rayon direct de la lumière[1]. La pénombre résulte de la réfraction ou de la réflexion de la clarté. On appelle ténèbres la privation de la clarté. La lumière est dans le soleil dont elle est l'éclat originel. La clarté est ce qui procède du soleil par rayonnement direct et sans écran, comme ce qui va du soleil aux nuages. La pénombre est la clarté réfractée, comme celle qui est vue entre les nuages et la surface de la terre. Les ténèbres sont l'absence de clarté, comme c'est le cas entre la surface et le centre de la terre. La lumière est originelle; la clarté est l'émission[2] de la lumière; la pénombre sa trace; les ténèbres son absence, sa négation. Tant que le

---

1. On retrouve ici la distinction *lux-lumen* non dans son usage commun (lumière psychique/lumière physique) mais selon l'acception de Géorg Reisch empruntée à Robert Grosseteste, *lux* désignant la lumière originelle, *lumen* la lumière dérivée ou clarté. Bovelles a vraisemblablement lu l'ouvrage paru en 1486 et souvent réédité de G. Reisch *Epitome omnis philosophiae, alias margarita philosophica, tractans de omni genere scibili* : « Dans les corps visibles, il faut distinguer la lumière en soi (*lux*), la lumière dérivée (*lumen*) et la couleur … La lumière dérivée est l'image de la lumière en soi et son émanation ». Il a lu aussi la *Quaestio de luce*, écrit dès 1454 par M. Ficin, où étaient distingués et définis *lux, lumen, radius, splendor* et *fulgor*, et le *De lumine* (1492) du même auteur où l'on retrouve les mêmes notions.

2. Nous traduisons *species*. Il semble que Bovelles reste partagé entre l'idée de rayonnement, que suggère les mots *radius, irradiatio*, et l'émission de simulacres que désignent *species* et *emanatio*. Cette confusion était déjà manifeste chez G. Reisch.

rayon lumineux est transmis par un milieu homogène, il est un, continu, droit, | sans brisure : c'est la clarté. Dès qu'il est **140r.** réfracté, disséminé, dispersé par un milieu étranger et plus dense, comme par un écran de nuages, c'est la pénombre. Mais lorsque fait écran un milieu solide et opaque, comme la terre, en cet endroit commencent les ténèbres et là-même l'émission de la lumière meurt et s'éteint ; un corps opaque est en effet impénétrable à la lumière[1].

Nous partageons donc en quatre l'espace qui va du soleil et du ciel au centre du monde : région de la lumière, de la clarté, de la pénombre et des ténèbres. Nous décidons qu'en ces quatre régions est contenue toute vision, connaissance et science de Dieu et qu'elles sont les demeures et séjours naturels de toute réalité.

Dieu donc est dans la région de la lumière, l'ange dans celle de la clarté, l'homme dans celle de la pénombre et la bête brute dans celle des ténèbres. La région de la lumière est le ciel lui-même en toute son étendue. Le lieu de la clarté correspond à l'élément igné et à la région supérieure de l'air, c'est-à-dire à tout ce qui s'étend de la voute sublunaire à la convexité des nuages. Toute cette région suit en effet le mouvement circu-

---

1. Ce dégradé de la pleine lumière à la totale obscurité semble inspiré par N. de Cues : « Chacune à sa manière, selon leur efficace propre, les créatures par degrés portent moins de ressemblance, et c'est pour ainsi dire en nombre, en figure ou en similitude de la nature plus haute qui la précède, que la nature inférieure s'ordonne par degrés, jusqu'à ce que la multiplication vers l'inférieur et le moins noble épuise assez le rayonnement de la nature vitale pour que, cessant de se multiplier davantage, elle s'arrête à un dernier point, ayant le minimum de force pour se suffire, sans plus pouvoir se communiquer ; et ainsi le dernier être de cette ordonnance se termine dans l'ombre » (*Concordance catholique*, trad. fr. R. Galibois, Québec, Université de Sherbrooke, 1977, p. 48-49).

laire du ciel : sereine, tranquille et paisible, elle roule des souffles tempérés et très sains ; aucune formation nuageuse, aucun brouillard ne s'y produit, qui pourrait briser le rayon solaire ou jeter la moindre ombre. La région de la pénombre s'étend des nuages à la surface de la terre ; l'atmosphère en est obombrée et brumeuse, moins saine et moins tempérée que la région supérieure. La région des ténèbres est constituée par toute la masse de la terre, que ne pénètre pas le moindre éclair de lumière.

La source de la lumière est située dans le ciel. La clarté se répand entre ciel et nuages, sans brisure, une et continue. Le rayon lumineux brisé mérite entre nuages et terre le nom de pénombre. Tout ce qui enfin est sous terre est appelé ténèbres. Dieu donc se montre autrement à l'ange, autrement à l'homme et autrement à la bête brute. La manifestation[1] de Dieu à l'entendement de l'ange est clarté, à la raison de l'homme pénombre, au sentiment de l'animal ténèbres et privation de toute lumière divine.

Il en résulte qu'il n'y a que deux créatures qui accèdent à la connaissance de Dieu et deux luminaires seulement : l'ange et l'homme. Deux manifestations seulement de la lumière : la clarté et la pénombre. La clarté est la connaissance angélique,

---

1. Encore *species* que nous traduisons ici par *manifestation* sans perdre de vue que celle-ci s'effectue par émission d'espèces ou simulacres.

la pénombre la connaissance humaine; si les ténèbres sont nominalement désignées comme la troisième manifestation de la lumière, en réalité elles n'en sont rien d'autre que la privation pure et simple. L'entendement de l'ange connaît Dieu dans la première manifestation de la lumière, c'est-à-dire dans la clarté; la raison humaine dans la seconde, la pénombre; la sensibilité animale dans la troisième, les ténèbres, l'obscurité, la négation pure et simple de la lumière, qui est l'ignorance absolue de Dieu naturelle à la bête. Connaître Dieu dans les ténèbres n'est rien d'autre que l'ignorer; le regarder dans les ténèbres c'est ne pas le voir; être affecté de ce troisième état de la lumière divine, que sont les ténèbres, revient à n'être en aucune façon touché par cette lumière, à ne recevoir aucune manifestation de Dieu, à n'avoir aucune connaissance du soleil divin.

CHAPITRE XXXVIII

DIEU EST LA SOURCE DE LA LUMIÈRE,
L'ANGE EN EST LE PREMIER MIROIR

Dieu est la source de toute lumière, il en est l'immense soleil. L'ange est comparable à un petit nuage blanc, lumineux et diaphane, placé continuellement devant Dieu à proximité de lui[1]. Le rayon de lumière, qui jaillit de Dieu, n'est contrarié par aucun milieu étranger et peut ainsi parvenir sans se briser jusqu'à l'entendement angélique. Entre Dieu et l'ange ne s'interpose aucun obstacle, qui ferait tomber de côté un rais de

---

1. *De intellectu*, chap. IV, éd. cit., p. 7v.

lumière oblique [1] et indirect. Il n'est rien pour interdire à l'ange la vision claire, pure et directe de Dieu, rien qui obnubile chez l'ange le feu, l'ardeur et la clarté divine.

Aussi le premier jaillissement de la lumière divine hors de Dieu, la première émanation et diffusion de l'éclat divin, sa première stase, réception et fixation est l'entendement angélique ou plus exactement la substance tout entière de l'ange. Puisque celle-ci est spirituelle, simple, incorporelle, transparente, diaphane, comme un nuage, elle transmet le rayon reçu de lumière divine à la créature venant après dans l'ordre descendant, l'homme, dispersé, détourné, dévié, mis de biais, obombré. Le petit nuage angélique est en effet ce milieu étranger, qui, survenant entre Dieu et l'homme, réfracte le rayonnement de la lumière divine, écarte de l'homme les ardeurs et les feux haut placés du soleil divin et obombre pour l'homme l'éclat divin. L'homme en effet voit Dieu non pas comme il est, purement et simplement à découvert, en vision directe, mais dans une certaine ombre, sous le brouillard et le nuage angélique, en un climat qui en estompe et en tempère l'éclat, bref selon un aspect second.

140v. | L'homme est en effet la seconde atteinte, le second impact, la seconde stase, rétention, fixation, le second séjour de la lumière divine. Aussi ne s'élève-t-il à la vision et contemplation de Dieu que dans la mesure où la forme divine se révèle

---

1. L'obliquité ici invoquée caractérise une manifestation indirecte de Dieu ; l'image est suggérée par la métaphore du rayon lumineux qui se réfracte, quand il pénètre un milieu plus dense. Si Dieu se donne directement à l'ange, il se montre de manière oblique à l'homme. Il s'agit encore d'un thème ficinien (*De lumine*) repris, il est vrai, de Jean Scot Erigène chez qui la *manifestatio in aliquo* s'oppose à la *manifestatio per se*.

et se montre non pas à découvert mais dans la pénombre sous la nuée transparente de l'entendement angélique.

Comme l'homme n'est pas transparent et que la lumière ne le peut traverser de part en part, étant donné qu'il est composé d'un esprit limpide et transparent mais aussi d'un corps opaque fait de terre, la lumière divine en reste à l'homme et n'est point transmise à des réalités plus humbles. Elle est en vérité contenue, retenue, rassemblée en l'homme par l'opacité et la densité du corps humain. L'opacité du corps humain, disposée en écran devant le soleil divin, recouvre de ténèbres les créatures de rang inférieur, comme la bête brute, dérobe à la vue toute lumière divine et interdit la sagesse. L'ange est placé juste en dessous de Dieu, l'homme immédiatement en dessous de l'ange, la bête brute immédiatement en dessous de l'homme. L'ange contemple et perçoit Dieu sans aucun intermédiaire. L'homme voit Dieu sous le nuage de l'esprit angélique. La bête brute, n'ayant aucune part ni à la connaissance ni à la pensée de Dieu, est semblable à un œil qui, enfoui dans les profondeurs de la terre et recouvert d'une masse de limon, essaierait de voir le soleil ; le regard des bêtes brutes est recouvert par la masse du corps humain, qui empêche la lumière divine de l'éclairer.

La cause de la pénombre où se trouve l'homme est l'esprit de l'ange ; la cause des ténèbres où se trouve la bête brute est le corps humain. Et de même que la première et immédiate espèce émanant de Dieu est la clarté, qui nourrit, affecte et illumine l'entendement angélique, de même l'espèce émanant de l'ange est la pénombre, dont l'homme et son entendement sont rassasiés. En revanche l'espèce émanant de l'homme et le rayonnement du corps humain sont les ténèbres, qui se répandent de ce corps sur la bête brute, la recouvrent et la rendent impropre à la connaissance de Dieu.

CHAPITRE XXXIX
DES DIFFÉRENTES MANIÈRES DE CONNAÎTRE DIEU

Dieu peut être contemplé par l'ange dans le ciel, par l'homme dans les nuées, par la bête brute en la terre.

Place le regard de l'ange dans le ciel, celui de l'homme dans les nuages et l'œil de la bête en la terre : tu détermineras distinctement la nature de l'œil de chaque observateur. En effet si le ciel est au-dessus des nuages et s'il est plus proche de Dieu, Dieu illuminera l'œil que tu placeras dans le ciel d'un rayon plus direct et plus rapide que l'œil à qui tu auras assigné une place dans les nuages. Et de même que le ciel et les nuages sont des corps transparents par nature et capables de laisser passer la lumière, tandis que la terre est un corps opaque, imperméable à la lumière, de même les yeux qui sont placés dans le ciel et dans les nuages ont, tous deux, part à la clarté divine, tandis que le regard, dont il est établi qu'il se tient dans les profondeurs de la terre, n'est absolument pas touché par la lumière.

Des trois regards créés, celui de l'ange, celui de l'homme, celui de la bête brute, ou si l'on veut celui de l'entendement, celui de la raison, celui du sentiment, les deux plus capables ont accès, quoiqu'à degrés divers, à la vue de leur soleil naturel, Dieu. Le regard de l'ange voit Dieu dans la clarté, celui de l'homme dans la pénombre. Le dernier œil, celui des bêtes brutes, ne peut d'aucune manière percevoir son soleil, puisqu'il est réputé le chercher dans les ténèbres.

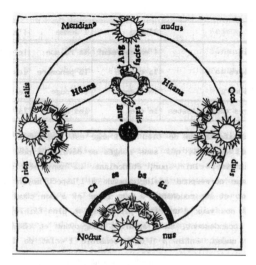

Et pour que cela soit encore plus clair, comprends que toute la capacité de connaître, comme nous l'avons dit ailleurs[1], est enfermée dans le nombre quatre ou, si tu veux, que l'œil qui regarde est quadruple : l'œil divin incréé et les trois autres, celui de l'ange, celui de l'homme et celui de la bête, issus un jour, par la puissance de la création, de l'œil divin. De plus, appelle l'œil divin lumière, l'œil de l'ange blancheur, l'œil de l'homme rougeoiement, l'œil de la bête noirceur. De même que la lumière est la source, l'origine et

---

1. *De sensu*, Exordium, éd. cit., p. 599 ; *De duodecim numeris, de tetrade*, éd. cit., p. 151. Nous pensons à la théorie aristotélicienne de la vision (*De anima* II, 7, 418b) selon laquelle la lumière et les couleurs sont perceptibles, non pas en elles-mêmes, mais seulement dans et par le milieu intermédiaire ou diaphane au moyen duquel elles apparaissent.

l'acte de toutes les couleurs, l'emportant de loin sur elles toutes, de même l'œil divin est l'origine de tous les yeux [1]. Et de même que toute couleur se décompose seulement en trois teintes, deux extrêmes et l'une moyenne, de même tout œil créé est triple. En effet toute couleur est une certaine espèce et émanation de la lumière ; tout œil créé est une espèce du regard incréé de Dieu et une émanation de sa substance.

Posons donc comme couleurs extrêmes le blanc et le noir, comme moyen terme le rouge [2]. Nous dirons que l'œil divin, vu et se voyant de toute éternité dans la lumière et la source des couleurs, se tient au-dessus de tout autre principe. Nous conviendrons que l'œil de l'ange, dans la première espèce de la lumière, c'est-à-dire dans la blancheur ou, si l'on veut, la clarté, est admis à voir l'œil divin ; que l'œil de l'homme, dans la second espèce de la lumière, c'est-à-dire le rougeoiement du clair-obscur, tend à s'élever jusqu'à la vue du regard divin. À l'œil de la bête en revanche, le regard divin n'est, disons-nous,

141r. | pas autrement manifesté que dans la dernière espèce de la lumière, le noir et les ténèbres. Dieu est manifeste à lui-même, comme une lumière pure et sans tache ; il se révèle à l'ange comme une blancheur et une clarté sans visage, à l'homme comme le rougeoiement du clair-obscur, à la bête sans parole comme le noir et les ténèbres.

---

1. Dans son *De lumine*, M. Ficin écrit : « Dieu est aussi l'œil par lequel voient tous les yeux ... l'œil qui voit la totalité des choses dans chacune d'elles et qui voit réellement toutes choses en lui-même, lorsqu'il voit qu'il est toutes choses ».

2. Cette symbolique des couleurs est inspirée par Denys, *Hiérarchie céleste*, XV, 7, éd. cit., p. 184 ; elle est reprise par M. Ficin dans le *De lumine*.

Dieu	l'ange	l'homme	l'animal
l'esprit	l'entendement	la raison	le sentiment
la lumière	le blanc	le rouge	le noir
La lumière	le blanc	le rouge	le noir
Les êtres supracélestes	le ciel	les nuages	la terre

La manifestation de Dieu en l'ange est comparable à l'aspect du soleil de midi, qui sans nuages se dévoile à nos yeux inaltéré, limpide, clair, pur, étincelant. La manifestation de Dieu en l'homme correspond analogiquement à l'aspect moyen du soleil, au levant et au couchant; à son lever et à son coucher, Phébus brille à nos yeux d'un rayon plus long et plus faible, nullement pur ou incandescent, mais apparaît rougeoyant et obombré au milieu de nuées. Enfin à l'œil sensible l'éclat de la divinité est aussi inexistant que la possibilité de voir le soleil à minuit.

Le visage de l'ange se lève vers Dieu comme s'il se tournait vers le point de midi ou zénith. Le visage de l'homme, étant double, se dirige des deux côtés et voit Dieu comme un soleil levant et couchant. Penchée vers la terre, la tête de la bête brute s'incline vers le point de midi. Imagine en effet dans le ciel quatre soleils : à midi, au levant, au couchant et à minuit; le soleil de midi est pur et à découvert; au levant et au couchant, il se montre au travers des nuages, environné de nuées; à minuit enfin, se cachant sous la terre, il est recouvert par elle. Conçois aussi une sphère, sise en notre hémisphère entre ciel et terre, tenant en équilibre et portant la puissance intuitive et la vision : autour d'elle tu représenteras quatre regards symbolisés par quatre œils ou quatre visages.

L'œil d'en haut, tourné vers le midi, sera comparable à l'entendement angélique. Ceux du milieu, tournés tant vers le soleil levant que vers le couchant, seront comparables à la vue de l'homme, eux par qui l'homme accède à des vues partielles, obliques, et trop longues ou trop courtes sur Dieu. L'œil d'en bas, tourné vers le soleil de la nuit, sera comparable à l'œil de la bête, exprimant Dieu dans l'exacte mesure où les bêtes brutes en ont la connaissance et participent de la lumière divine. De même que le soleil la nuit reste à cet œil inaccessible, la terre faisant écran, de même la lumière divine est cachée à ce même œil par l'obstacle du corps humain et lui est pour toujours inaccessible. L'ange, en revanche, s'ouvre comme l'œil d'en haut et accueille la lumière divine par un rayonnement unique, simple, direct et perpendiculaire, allant à Dieu sans moyen terme, comme le regard de l'aigle va au soleil visible.

CHAPITRE XL

DIEU COMME LE SOLEIL SE DONNE
SOUS TROIS APPARENCES [1]

141v. | En conséquence le soleil ne se montre que sous trois positions. Il se manifeste ou bien dans la monade, ou bien dans la dyade ou bien dans la triade : comme monade à midi, purement et simplement à découvert, sans nuage, ni altération, ni masque, ni mélange ; comme dyade, aux moments intermédiaires du lever et du coucher, voilé de nuage et de brouillard, affecté pour ainsi dire d'une simple, première et particulière différence ; comme triade, dans l'inversion du monde c'est-à-

---

1. La théophanie solaire est un thème des plus répandus. Citons Denys, *Noms divins*, IV, 4, éd. cit., p. 97 ; *Hiérarchie céleste*, XV, 2, éd. cit., p. 237.

dire au point de minuit, soumis à la double différence de la blancheur et de l'opacité, du nuage et de la terre.

Ces mêmes degrés se retrouvent quand Dieu, à l'instar du soleil du monde, se manifeste et se rend visible à tout œil créé : à l'œil de l'entendement dans la monade, sans être affecté d'une figure ou d'une différence ; à l'œil de la raison dans la dyade sous la forme du nuage étincelant de l'ange[1] ; à l'œil sensible dans la triade, quand s'interposent le nuage de l'ange et le corps de l'homme. En effet puisque Dieu est le créateur de toutes choses et leur essence la plus véritable, seul il les produit toutes, les contient toutes, les porte toutes ; toutes trouvent en lui leur soutien et sont faites pour passer en lui chacune selon sa capacité. Les êtres surtout, qui sont doués de la faculté de connaître, tous ceux qui sont munis et parés de la force des connaissances naturelles, l'ange, l'homme et l'animal surpassent tous les autres et prétendent, chacun à son niveau respectif, apercevoir leur Créateur. Face à Dieu, placé dans son voisinage immédiat, l'ange le premier puise l'éclat resplendissant de la lumière divine en son regard clair qui ne cille pas, et sans intermédiaire, passe le premier en Dieu, se recueille en Dieu même, se fait Dieu, se greffe sur Dieu, s'unit à Dieu et devient le premier voile du soleil divin pour les regards qui viennent après.

Derrière l'ange, l'homme, à travers la transparence angélique, commence par être frappé par la lumière divine, puis passe en Dieu sous l'effet de cette clarté. Par ce même moyen par lequel l'éclat divin se répand, descend et s'écoule de Dieu dans l'homme, l'homme monte vers Dieu, passe en

---

1. Le nuage, qui désigne en obnubilant, est un des symboles privilégiés de la littérature apophatique, pour laquelle Dieu ne se révèle qu'en se dissimulant.

Dieu et se fait Dieu. L'ange le premier est passé en Dieu; l'œil intellectuel a été ravi en Dieu avant que l'entendement de l'homme fût parvenu jusqu'à Dieu.

L'entendement humain est donc ravi en Dieu non pas immédiatement et par ses propres mérites, mais par le moyen de l'ange. Il ne voit pas Dieu en sa simplicité ni en lui-même, mais comme il brille en transparence à travers le nuage de l'ange.

Ce que contemple l'entendement de l'homme, ce n'est pas Dieu simplement en lui-même et à découvert, mais voilé et caché par le brouillard de l'ange, ou plutôt Dieu auquel s'est joint le greffon de l'entendement angélique. Ce dernier passe en Dieu comme celui de l'homme et lorsqu'il est attaché à Dieu, comme la faculté de voir à son objet, il le recouvre, le cache et le voile de son ombre à la vue de l'entendement humain qui vient après lui.

Enfin après l'homme, en quatrième position par rapport à Dieu, en troisième par rapport à la première créature, je veux dire l'ange, se tient la bête brute, qui n'est douée que de connaissance matérielle et sensible. Si l'on dit que l'œil de celle-ci, à son rang et à sa place, fait effort tant pour être frappé par la lumière divine que pour s'élever jusqu'à Dieu et pour passer en lui, l'écran de la réalité humaine, je vais dire pourquoi, fait obstacle aussi bien à son irradiation par la lumière divine qu'à son effort propre pour se porter et pour passer en Dieu. Puisque cette réalité humaine en effet est matérielle, corporelle, opaque, imperméable à la lumière, la lumière divine ne peut à travers elle parvenir jusqu'à l'œil de l'animal et cet œil privé de raison ne peut ni se porter en Dieu ni s'unir à lui. Alors que l'homme est parvenu en Dieu, alors que la substance humaine s'est jointe et attachée à Dieu, c'est en vain que l'animal privé de raison s'efforce de puiser la lumière divine et de passer en Dieu.

Émanant de Dieu, la lumière divine traverse en vérité la pensée angélique qui est pure, incorporelle, immatérielle, diaphane comme un nuage et, de là, parvient à l'œil de l'esprit humain, pour associer l'homme à la connaissance de Dieu. Mais puisque l'esprit humain en sa partie basse est voué à la matière et au corps, cette lumière est contenue et arrêtée en l'homme par l'opacité de son corps et empêchée de dériver vers l'œil de rang inférieur et privé de raison.

Le corps humain est en effet le terme de la lumière divine qui, au contact de ce corps et en raison de son opacité et de sa résistance, rejaillit jusqu'à la source, d'où elle était sortie. Ce corps est le dernier des êtres à s'élever jusqu'à Dieu et à se greffer en lui, de sorte qu'il peut être défini à partir de Dieu comme la borne qui arrête et où se réfléchit la divine lumière et le point de retour de cette lumière à son origine [1].

Il y a en effet trois êtres seulement qui peuvent passer en Dieu et s'unir à lui : l'esprit de l'ange, l'âme et le corps de l'homme. Mais comme l'union de cette âme et de ce corps constitue, selon la nature, le tout de la substance humaine, dont le principal et véritable œil est appelé rationnel, nous professons qu'il n'y a que deux êtres qui soient faits pour être associés à Dieu : l'ange et l'homme, et seulement deux yeux, l'intellectuel et le rationnel, , qui soient faits pour regarder et voir continuellement l'œil incréé de Dieu, l'intellectuel dans la

---

1. Théophanies décroissantes, l'ange, l'âme de l'homme, son corps enfin conduisent à cette ultime image de Dieu qu'est précisément le corps de l'homme, point haut du monde matériel, point bas de l'irradiation divine. En ce point, s'effectue l'*épistrophê* de la création tout entière.

clarté, le rationnel dans l'ombre. Voici donc les conclusions que nous tirons de ce qui a été dit. De même que Dieu est Dieu
142r. de toute éternité en sa nature propre et substance, | de même l'ange et l'homme, par la force des connaissances immatérielles, sont illuminés par Dieu et, par la part qu'ils ont ainsi à la lumière de Dieu, sont portés jusqu'à lui [1].

La force émanant de l'objet, telle la lumière qui en découle pour inonder la puissance spéculative, fait la preuve qu'elle pénètre l'objet lui-même de cette même puissance : ainsi c'est selon une même ligne que la lumière divine, descendant dans l'esprit de l'ange et de l'homme, les inonde et d'en haut leur tombe dessus et que précisément ces deux pensées montent vers Dieu et s'unissent à lui [2].

La bête brute, nous l'avons dit [3], ne peut recevoir la lumière de Dieu ni s'élever jusqu'à lui. En un sens comme en l'autre, lui fait obstacle la masse du corps humain, qui pour deux raisons l'empêche de s'unir à Dieu et de se faire Dieu : la première raison tient à la lumière divine, la seconde au regard et à l'œil qui regarde. En effet la lumière divine, ainsi que nous l'avons dit, ne peut traverser le corps humain pour atteindre l'œil de la bête, du moment qu'elle s'arrête à lui. Ainsi, le regard de l'œil privé de raison, voué à l'impuissance et à la faiblesse, est du fait de l'impénétrabilité du corps humain, empêché de voir quoi que ce soit de ce qui se trouve au-dessus de ce corps ou qui se cache derrière la barrière qu'il constitue.

Tu apprécieras plus clairement tout cela, si tu distribues toute sorte d'yeux sur quatre orbites : l'œil divin sur l'orbe

1. La connaissance de Dieu, selon la tradition érigénienne, conduit l'homme à l'union transformante dite *deificatio* ou encore *théosis*.

2. La route qui monte et celle qui descend sont une et identique.

3. *Supra*, chap. XXXVIII.

central ; l'œil intellectuel ou angélique sur la seconde orbite de façon à ce qu'il soit de partout tendu et dirigé vers l'œil divin ; l'œil rationnel sur une troisième orbite, de façon à apercevoir de partout, comme l'ange mais après lui, le regard divin ; l'œil animal enfin sur la quatrième et dernière orbite. Que l'œil divin, puisqu'il est par nature unique, soit seul dans le cercle central ; que les yeux créés, puisqu'ils monnayent l'unité de l'œil incréé de Dieu en une multitude et une variété presque innombrable, soient dessinés en un très grand nombre autour de l'œil divin !

Mais puisque l'esprit divin a été dit[1] lumière, l'esprit de l'ange clarté et blancheur, l'esprit de l'homme rougeoiement et clair-obscur, l'esprit de l'animal noirceur et ténèbres, tu devras peindre en couleur d'or l'orbe dans laquelle tu placeras Dieu ou l'œil divin, puisque la lumière en son jaillissement originel, comme dans le soleil, paraît imiter la couleur de l'or ; tu laisseras blanche la seconde orbite, que remplissent les anges ; la troisième orbite, qu'habitent les hommes, doit être teintée de rouge ; la quatrième enfin, qui est vouée au séjour des bêtes, doit être noircie d'une noire et sombre couleur. Les yeux des bêtes sont entièrement aveugles à la vue de Dieu, ils habitent au pays des ténèbres, dans le crépuscule de toute lumière divine et de toute sagesse[2].

Aussi ces quatre orbites révèlent clairement comment Dieu se montre aux anges directement, c'est-à-dire sans voile, sans mélange et sans fard, aux hommes non plus directement ni sans voile, mais de partout recouvert par les intelligences angéliques ; puisqu'il ne brille enfin aux yeux des bêtes qu'obnubilé et recouvert par les intelligences des anges, les

---

1. *Supra*, chap. XXXIX.

2. L'expression de la propagation de la lumière par une suite d'anneaux concentriques, où l'or central est nimbé d'un blanc auréolé d'un rouge que cerne un contour noir, relève d'une technique picturale couramment utilisée au XVe siècle notamment dans le *Buisson ardent* de Nicolas Froment (Église de la Madeleine, Aix-en-Provence) et dans le *Jugement dernier* de Roger Van der Weyden (Hospices de Beaune). La couleur, dont nul avant Newton ne propose une théorie, est considérée ici non comme une propriété de l'objet mais comme une épiphanie de la lumière. Ce schéma, figurant Dieu comme le centre de quatre cercles concentriques, est déjà proposé par M. Ficin dans son *Commentaire sur le Banquet de Platon* II, 2, trad. Marcel, p. 146.

âmes et les corps des hommes, on remarque qu'il n'est en aucune façon visible par eux.

CHAPITRE XLI

DIEU EST TRIPLE AU-DEDANS COMME AU-DEHORS

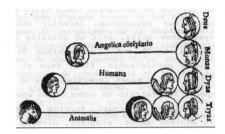

| Si l'ange et l'homme, sous l'influence de la lumière divine **142v.** et d'un saint effort, s'élèvent jusqu'à Dieu, de toute façon ils deviennent des dieux par participation, en imitant, selon leurs forces, celui qui est célébré comme Dieu en nature et en vérité, éternel et transcendant. C'est pourquoi, par la greffe angélique et humaine, ce Dieu naturel devient triple tant hors de lui-même qu'en lui-même : le Dieu divin, le Dieu angélique, le Dieu humain. Le Dieu divin est le Dieu en nature et en vérité, qui de toute éternité est Dieu et ne tient sa divinité d'aucun autre que de lui-même. Le Dieu angélique c'est l'ange ravi en Dieu, qui n'est pas Dieu par lui-même, mais est suspendu au précédent. Le Dieu humain est l'homme qui devient Dieu en participant à Dieu et qui, puisqu'il doit son être et ses forces au Dieu premier et par nature, est porté jusqu'à Dieu avec l'aide seulement de l'ange.

Or ces élévations[1] ne se produisent que par la puissance des contemplations divines. Dieu pur et simple et sans voile est l'objet de la contemplation de l'ange. Rien n'est présenté ni offert à l'entendement de l'ange si ce n'est la seule substance divine ; lorsque l'entendement de l'ange est élevé jusqu'à celle-ci, il la trouve pure et sans mélange, vu qu'aucune forme ne l'obnubile encore et qu'aucune créature, antérieure selon la nature, ne l'a encore rejointe ; l'esprit angélique est donc le premier à être introduit et greffé en Dieu très pur, absolument sans mélange et sans trouble, le premier aussi à en voiler l'éclat à l'entendement humain.

La dyade divine, c'est-à-dire l'union de Dieu et de l'ange, produit l'objet de la contemplation humaine. L'entendement humain, comme nous l'avons dit[2], ne voit pas Dieu purement et simplement, mais Dieu étincelant et accessible par transparence à travers le nuage de l'ange. En effet, lorsqu'il parvient à Dieu, il voit, greffés en Dieu, l'espèce et le nuage[3] de l'ange, qui l'a précédé dans le passage en Dieu, et avant lui s'est greffé en Dieu.

Il reste à la triade divine, c'est-à-dire à l'ensemble Dieu, ange, homme, de s'offrir en objet et de devenir présente à la bête et au sentiment, et tant au sentiment qu'à la bête brute d'être écartés de la vision divine et angélique par l'obstacle et l'opacité du corps humain.

---

1. Cette notion d'élévation (*subvectio*) annonce les *assurrectiones* évoquées dans les ouvrages ultérieurs (*Liber divinae caliginis*, 1526, *De raptu divi Pauli libellus*, 1531).

2. *Supra*, chap. XXXVIII.

3. Ces deux termes désignent la façon dont l'ange s'unit à Dieu : *nuage* il le reflète et donc le voit, *espèce* il est vu par lui.

Il en résulte que Dieu est vu par l'ange comme le soleil, c'est-à-dire pur, éclatant, sans mélange, sans masque ni fard, sans ombre ni nuage; par l'homme comme la lune, à travers la greffe de la figure angélique, sous le masque du fard, de l'ombre et du nuage; par la bête comme la terre, à travers la figure du corps humain, la matière et les ténèbres humaines. Il se montre à l'ange directement, comme le soleil éclatant de blancheur; à l'homme à travers le nuage de l'ange, rougeoyant[1] comme la lune; à la bête à travers la substance matérielle de l'homme, aussi noir que la terre, c'est-à-dire dans la privation, la négation et l'ignorance. Le blanc et le noir sont en effet les couleurs extrêmes, le rouge est la couleur moyenne et dérivée. Le blanc est la plus simple et la première de toutes les couleurs, le noir la dernière. La blancheur est la lumière même, la rougeur la lumière sous le nuage et la pénombre même, la noirceur la lumière à l'intérieur du corps, c'est-à-dire les ténèbres, la privation de lumière. La blancheur renferme en elle-même toutes couleurs et figures, se change en toutes, devient chacune. La noirceur n'en renferme aucune, n'est teintée par aucune, ne peut rien contenir ni rien devenir.

Ainsi Dieu est tout, il est le commencement de tout, il porte tout, embrasse tout, contient tout, incandescent lui-même, comme la blancheur. La bête brute ne peut rien devenir, ni donner lieu à imagerie, elle est le dernier degré de la connaissance, l'ultime représentation, comme si avec elle toutes choses tombaient dans le noir, l'ignorance, les ténèbres. L'ange et l'homme sont comparables aux couleurs moyennes,

---

1. Ce rougeoiement évoque celui du buisson ardent (*Exode*, 3,2). Citons aussi le *Psaume* 103, 3.

qui naissent quand la lumière divine tombe sur un nuage ou sur un corps solide.

Dieu est comme le feu, l'ange comme l'air, l'homme comme l'eau, l'animal comme la terre. Dieu est comme l'esprit, l'ange comme le concept, l'homme comme la voix, la bête comme l'écriture. Ce sont les quatre réalités principales de l'univers, les véritables et réels éléments du monde, « les quatre vivants constellés d'yeux tant au dehors qu'au-dedans » de la Sainte Écriture [1]. Leurs yeux sont les facultés cognitives, qui n'appartiennent qu'à ces quatre êtres. L'esprit est l'œil de Dieu, l'entendement est le regard de l'ange, la pensée est celui de l'homme, le sentiment, celui d'en haut comme celui d'en bas, est l'œil de l'animal.

143r. | CHAPITRE XLII

POURQUOI LE SOLEIL SE MONTRE SANS FIGURE,
TANDIS QUE LA LUNE APPARAÎT SOUS UNE FACE TACHÉE

À partir de là sont manifestes les raisons pour lesquelles le soleil corporel et visible de ce monde sensible est pur, simple, éclatant, sans mélange de figure, de nuage, ni d'ombre, tandis que la lune est impure, mêlée à une forme, baignée d'altérité, de nuage et d'ombre, montrant une face tachée et un sombre aspect [2].

---

1. *Apocalypse*, 4, 6.
2. Ce qui donne figure (*species*) à la lune et non point au soleil, c'est l'*espèce* recueillie par le miroir qu'elle constitue. L'espèce ou simulacre n'est possible en effet que par réflexion de la lumière sur un objet.

Ce soleil sensible, source de toute lumière visible, est vu par nous de la même façon que le soleil caché, supérieur et exemplaire, source de l'invisible lumière, est révélé au regard de l'ange. Et de même que Dieu se révèle à l'entendement humain à travers l'écran de l'espèce angélique, de même la lune frappe le regard mortel de nos yeux et se présente à nos regards corporels à travers un mélange d'ombre et de nuée. C'est en lui-même, avons-nous dit[1], tel un soleil, que Dieu est l'objet de la contemplation angélique ; c'est en revanche voilé par le nuage angélique et sous la figure de l'ange qu'il est désigné comme objet de la contemplation humaine.

L'ange voit Dieu seul et sans voile, n'appréhendant en lui aucune figure ni aucune face embrumée ou tachée. L'ange est en effet le premier visage créé par Dieu : aucun autre ne le précède dans le passage et l'assomption en Dieu. Par cet accès de l'ange à Dieu, par cette assomption et ce repos en lui, Dieu s'ouvre alors et se révèle à la créature qui suit l'ange en ce processus, c'est-à-dire l'homme ; il le fait comme la lune, alors qu'à la créature précédente, sa première image, il avait éclaté tel un soleil total et sans écran. La seconde image et figure de Dieu, l'homme, s'élevant jusqu'à lui, commence par voir en lui la première figure et image qui s'y trouve, l'entendement angélique, qui couvre et voile Dieu comme cette face tachée

---

1. *Supra*, chap. XLI.

visible dans la lune. Dieu en lui-même et tel qu'il se montre à l'ange est comparable au soleil; la greffe en lui de l'ange lui fait revêtir la figure de la lune.

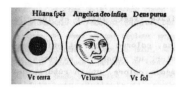

Dieu est vu par l'ange comme un miroir sans tain, propre et pur, naturellement et par lui-même sans image ni figure; les images naturelles et véritables sont les espèces de l'ange et de l'homme, qui doivent s'imprimer au miroir divin et se fixer en lui par la force de la contemplation. De même que toute couleur, moyenne comme le rouge, extrême comme le noir, est faite pour s'imprimer dans la blancheur, de même en Dieu qui est lumière, blancheur et vérité, s'impriment analogiquement les couleurs moyenne et extrême qui sont les espèces dérivées de la lumière et de la blancheur originelle.

La figure de l'ange, greffée en Dieu, fait tourner la blancheur éclatante de celui-ci en couleur moyenne c'est-à-dire en rouge pour l'homme, comme si la lumière, retenue par un nuage ou par un corps translucide, était vue par transparence. La figure et la substance de l'homme en revanche, dépourvues de transparence à cause de leur matérialité, quand elles parviennent à Dieu et se fixent sur lui, en rendent, du fait de leur propre noirceur, l'éclat inaccessible à la bête brute. Pris en lui-même, Dieu est blancheur; uni à l'ange, caché par le nuage angélique, il est rougeur et couleur moyenne; uni à l'homme, quand l'être de celui-ci se fixe sur lui, il est noirceur et couleur extrême.

CHAPITRE XLIII

L'HOMME, SECONDE ET DERNIÈRE IMAGE DE DIEU, FAITE POUR ÊTRE ACCUEILLIE EN LUI

| En conséquence, c'est à bon droit que l'homme est la **143v.** dernière image et le dernier visage de Dieu, fait pour être accueilli en lui, et que, privée de raison, la créature inférieure à l'homme ne peut être greffée en Dieu ni accueillie en lui. En effet de même que sur du noir aucune figure visible ne peut être peinte, aucun mot ne peut être écrit, aucune image ne peut être tracée et que le noir ne peut se changer en aucune autre couleur ni être teint en aucune, de même, dès que la figure humaine est inscrite en Dieu, aucune image après elle ne peut plus s'inscrire dans le divin miroir. Mais, lorsque tu comprends que seule la figure de l'ange est passée en Dieu et s'est inscrite en lui, subsiste encore la place de la figure humaine, en laquelle l'homme s'inscrit en Dieu et trouve son lieu. En effet l'empreinte de l'ange en Dieu est comparable à une couleur non pas extrême mais moyenne comme le rouge, qui peut encore être teinte en noir ou recevoir un tracé noir.

Donc, de même qu'une couleur moyenne, comme le rouge, et une couleur extrême, comme le noir, sont faites pour s'inscrire sur fond de blancheur, origine de toutes les couleurs, et que l'extrême noirceur peut s'inscrire sur le fond d'une couleur moyenne, comme le rouge, mais que rien ne peut s'inscrire sur du noir, de même comprends que Dieu, se montre à l'ange dans son éblouissante blancheur naturelle c'est-à-dire en sa pureté et sa simplicité, tel qu'il est; que, par la médiation de l'ange, il se montre à l'homme rouge et voilé comme le soleil couvert de nuages; que, du fait de la greffe humaine, il est à toute créature inférieure fermé et refusé et devient noir, opaque, mystérieux, sans accès.

L'homme est, nous l'avons dit[1], le vrai Janus, Clusius et Patulcius, de ce monde, dont il tient la porte ouverte ou fermée. À toute créature inférieure, il interdit la vue de Dieu et cache Dieu, le gardant pour lui et ne le transmettant à aucun être inférieur. Il est, pour ceux qui s'élèvent vers le haut, la première aurore de l'astre divin, le premier à qui Dieu se révèle et se découvre, le premier accès au monde intelligible, le premier miroir de la lumière divine et le commencement de l'immortalité. Il est le dernier et le premier à avoir part à la divinité, le dernier et le troisième à partir de Dieu, le premier à partir du monde et le dieu de tout le monde sensible[2].

Il commande à la nuit, c'est-à-dire au monde sensible, comme l'ange commande au jour, c'est-à-dire au monde intelligible. Son entendement est comparable à la lune et son objet aussi, tandis que l'entendement de l'ange et son objet sont comparables au soleil. Le soleil est offert en objet au soleil et la lune à la lune par la nature même. Le soleil est saisi, regardé, examiné par le soleil et la lune par la lune.

En effet le semblable ne peut être saisi et regardé que par le semblable, le simple par le simple, le pur par le pur, le mêlé et le divers par le mêlé et le divers.

Dieu est simple par nature et l'entendement angélique, à qui Dieu se montre, est simple de même façon. L'entendement humain est mêlé et affecté de figure ; ce qui s'offre à lui comme objet n'est pas Dieu en sa simplicité, mais Dieu voilé et caché.

---

1. *Supra*, chap. XXXI.
2. *Supra*, chap. VII.

CHAPITRE XLIV

QUELS SONT LES OBJETS PROPRES DE LA CONTEMPLATION ANGÉLIQUE ET HUMAINE

On en vient ainsi à se demander quel est l'objet de la contemplation de l'ange et quel est celui de celle de l'homme, ce que regarde l'ange par nature et ce qu'observe l'homme.

Dieu et l'ange ne sont séparés l'un de l'autre par aucun moyen terme. Dieu est objet, tel un miroir; l'ange est puissance spéculative, tel un œil. Par la force et la puissance de la connaissance, il pénètre dans l'objet et trouve accueil en lui, tandis que la figure de l'objet, se répandant en cette puissance, demeure en elle rassemblée et contenue. Dieu donc en tant que Dieu, simple, pur et sans mélange, avant l'accès en lui de l'ange, est dit objet de l'entendement angélique. De la même façon, l'entendement angélique en tant que tel, simple, pur et sans mélange, avant qu'il se soit mêlé à la forme divine, vu que celle-ci n'a pas encore été recueillie en lui, est appelé capacité et puissance de connaître Dieu.

Par cette rencontre de Dieu et de l'ange et par leur approche mutuelle, imagine la conjonction d'une part de l'analogue de l'entendement humain, d'autre part de l'analogue de son objet, soit lune et dyade. Aussitôt en effet que l'ange est inscrit en Dieu et que Dieu est voilé et recouvert par le nuage de l'ange, Dieu se fait, de cette façon, visible pour l'homme et devient objet de la pensée humaine. De même que l'objet de l'ange est Dieu en lui-même et sans voile, de même l'objet de l'homme est Dieu caché sous un voile. De même que l'ange voit Dieu dans le soleil, c'est-à-dire un Dieu pur, sans mélange et sans figure, de même l'homme voit Dieu dans la lune, c'est-à-dire un Dieu recouvert par le nuage et la forme angélique, un Dieu en lequel le visage de l'ange s'est inscrit

le premier. Aussitôt que la figure divine[1] est imprimée dans
l'entendement angélique, aussitôt que l'entendement angélique est mêlé à la figure divine et marqué par elle, se forme
l'analogue de l'entendement humain.

L'entendement humain est en effet un entendement mêlé,
c'est-à-dire marqué de la forme, du visage et de l'image
divine. En effet de même que le miroir simple diffère du miroir
mêlé, dans lequel l'image est effectivement imprimée et
visible (alors que le simple miroir est vide d'image), de même
le pur entendement diffère de l'entendement mêlé. En tant que
tel, l'entendement est en effet pur et sans mélange de figure,
comme celui que nous attribuons à la nature de l'ange ; en tant
que mêlé à une figure divine et marqué par elle, il relève de
l'homme, entendement second et dyade.

144r. | Dieu donc est sans mélange et l'entendement angélique
aussi. Ils sont l'un et l'autre soleil et monade, l'un cependant
objet, l'autre puissance de connaître cet objet ; l'un comparable
à un miroir, l'autre à l'œil qui le regarde. Le miroir et l'objet
sont sans mélange, l'œil et la faculté de connaître aussi. Dieu
est un miroir libre et immatériel, l'entendement angélique un
œil libre et immatériel. Par l'approche et la rencontre de l'un et
de l'autre, la substance angélique s'insère en Dieu et la figure
divine resplendit à travers l'entendement angélique. Tous
deux s'assemblent et s'unissent en effet : Dieu à l'ange, l'ange
à Dieu ; en Dieu l'ange resplendit, en l'ange la figure divine.

Aussi comprends qu'en cette rencontre naît d'un double
soleil une double lune, d'une double monade une double
dyade, de deux êtres simples deux composés : d'une part

---

1. *Species* désigne toujours, on le voit, le reflet et s'oppose ainsi à l'être en
personne qui serait saisi en lui-même.

l'expression de l'entendement humain, de l'autre l'expression de l'objet de celui-ci. L'entendement humain est assimilable à celui de l'ange que marque la figure divine, l'objet humain à Dieu vu à travers l'ange. En effet l'entendement en lui-même, sans figure divine, est angélique. Dieu en lui-même, sans greffe angélique, est l'objet de l'ange. Avec l'intervention de la figure divine dans l'entendement angélique, se produit un entendement marqué de cette figure et tout à fait semblable à celui de l'homme. Par l'inscription de la substance angélique en Dieu comme en sa fin propre et naturelle, se constitue l'analogue de l'objet de l'homme, à savoir un Dieu obombré.

Donc le soleil est vu par le soleil, la lune par la lune, la monade par la monade, la dyade par la dyade ; le miroir nu est vu par l'œil pur, le sans mélange par le sans mélange, le simple par le simple, le nu par le nu, le libre et le délié par le libre. De même un œil mêlé et revêtu du vêtement du corps voit un miroir également mêlé, marqué de quelque visage et effigie. En outre les deux soleils produisent l'une et l'autre lune ; les deux monades donnent naissance à la double dyade. La rencontre des êtres simples et premiers engendre les êtres seconds et mixtes, côté objet les objets, côté puissance les facultés et capacités de connaître.

Si tu veux que l'homme se tienne en Dieu et Dieu en l'homme, tu réaliseras, à partir de leur union, une triade par la rencontre en un autre lieu de réalités aussi distantes. L'homme en effet est le dernier à s'élever et à monter jusqu'à Dieu, le plus bas aussi en lequel Dieu descend.

CHAPITRE XLV

IL Y A TROIS ÊTRES VUS ET DONNÉS COMME OBJETS, TROIS AUSSI COMME PUISSANCES SPÉCULATIVES ET CONTEMPLATIVES

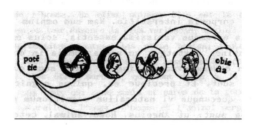

De même que la monade est offerte comme objet à la monade, la dyade à la dyade, de même la triade est offerte à la triade. De même que le soleil est vu par le soleil, la lune par la lune, de même la terre est opposée à la terre et capable d'être vue par la terre. Dieu est en effet le soleil, l'ange la lune, l'homme la terre et, en un autre sens, l'ange est le soleil, l'homme la lune, la bête brute la terre. Dieu est le soleil connu, l'ange le soleil connaissant, l'ange la lune vue, l'homme la lune connaissant et voyant. L'homme enfin est la terre offerte en objet et connue, la bête brute est l'œil qui la regarde.

L'ordre des objets n'est pas celui des puissances[1]. Les objets sont Dieu, l'ange et l'homme; leurs puissances respectives sont l'ange, l'homme et la bête brute. Dieu est l'objet suprême et universel, soleil et monade, puissance de connaître

---

1. Essentiellement anagogique, la connaissance est conçue comme un passage de la puissance à l'acte; aussi y a-t-il un nécessaire décalage de la série des objets à connaître par rapport à la série des puissances connaissantes : Dieu, acte pur, est objet sans être puissance ; la bête est puissance sans être objet.

tournée vers lui seul. Second dans l'ordre des objets, l'ange est le premier regard capable de contempler Dieu ; en tant qu'objet il est dyade et lune, en tant que puissance cognitive, il est soleil, donc monade pure, simple, sans mélange, contemplant Dieu dans sa simplicité et sa pureté. Dernier dans l'ordre des objets offerts à la connaissance, l'homme n'est pas la dernière mais la seconde des puissances cognitives. L'homme donc, en tant qu'être visible, est comparé à la triade et à la terre ; en tant que capable de vision, il est dyade et lune. Il regarde en effet et voit la dyade angélique, mais il est vu par la triade dépourvue de raison.

La bête brute n'appartient pas à l'ordre et à la série des objets qui se donnent à voir, puisqu'il n'y a pas de créature inférieure douée du pouvoir de connaître, que précèderait l'animal, qu'il dirigerait et règlerait et par laquelle il devrait être respecté et considéré. C'est pourquoi les êtres sans parole regardent et voient l'homme comme leur chef, leur objet et leur fin, lui obéissent, lui sont soumis. Mais puisqu'ils ne sont pas du tout honorés ni considérés par un être du genre inférieur, ils quittent la série et l'ordre des objets et des choses à voir et ne font partie que des puissances et facultés spéculatives. La bête brute en effet n'est pas connaissable, elle est cependant le dernier des êtres doués de connaissance [1].

En effet puisque toute connaissance, intuition et spéculation est une élévation continue des êtres inférieurs vers ceux qui leur sont supérieurs c'est-à-dire un effort et une tension naturelle vers Dieu, | l'objet suprême universel, des **144v.**

---

1. La puissance s'actualise dans la conquête de son objet ; or celui-ci peut être une borne – c'est le cas de l'homme pour la bête – il peut être aussi le moyen d'accéder à une réalité supérieure, la réalité suprême Dieu – c'est le cas de l'ange pour l'homme.

quatre premiers et principaux êtres, Dieu, l'ange, l'homme et la bête, les trois premiers sont vus respectivement par les trois derniers; ceux-ci sont dits les puissances et ceux-là leurs objets. Triples sont les objets et triples les puissances.

Donc de même que Dieu est seulement visible, n'ayant à voir aucun être qui lui soit supérieur, de même la bête est seulement spectatrice et ne devient objet d'observation pour aucun être qui lui serait inférieur. Au-dessus de Dieu, il n'est rien que celui-ci puisse voir ou qui soit objet de sa contemplation. De même, au-dessous de l'animal, il n'y a aucune connaissance et nul n'y vit qui ait la faculté de connaître en partage et par qui l'animal doive être regardé.

CHAPITRE XLVI

QUAND ELLE SE TOURNE VERS LE HAUT, LA SENSIBILITÉ ANIMALE TROUVE SA LIMITE EN L'HOMME

Dépourvu de raison, l'animal ne voit, ne regarde et ne connaît que l'homme; en effet la fine pointe de la sensibilité ne peut, en sondant l'homme, parvenir jusqu'à la vue de l'ange et de Dieu. Elle est arrêtée par l'opacité du corps humain et en reste à celui-ci comme à son objet propre et sa fin naturelle.

La pénétration de la connaissance et de la raison humaine va droit à l'ange, et, vu l'éclat et la transparence de nuage de celui-ci, ne s'arrête et ne se recueille pas en lui, mais, l'ayant traversé, tendant vers des réalités plus hautes, parvient jusqu'à Dieu en qui l'homme trouve sa fin suprême et son objet dernier, visible en lui-même. Pour la connaissance angélique, le premier et le dernier objet, qui s'offre au regard et se présente droit devant lui, est Dieu. Pour Dieu en revanche il n'est d'objet ni rien qui mérite contemplation.

C'est pourquoi à suivre l'ordre naturel d'apparition des connaissances en remontant en droite ligne en direction des choses qui naturellement sont les premières et les meilleures, l'homme est l'unique objet qui s'offre à la sensibilité animale ; il n'y a que lui que puisse considérer l'animal. À l'observation de l'homme, en revanche, l'ange et Dieu sont offerts en objets. À l'ange enfin Dieu seul se montre. Dans la réflexion circulaire et le retour sur soi, rien n'est objet pour la sensibilité, puisque la sensibilité n'est ni juge ni maîtresse d'elle-même, la bête brute n'a donc aucun moyen de se connaître. La raison humaine en revanche parvient, dans la réflexion, à la maîtrise d'elle-même. De même l'intelligence angélique se saisit d'elle-même en revenant sur soi. L'esprit divin aussi fait retour sur lui-même, se saisit et acquiert la maîtrise de lui-même.

Dans la sensibilité, chez la bête brute, en dessous de la raison, il n'y a pas de place pour la sagesse, ni pour la conscience ni pour la connaissance de soi. La raison humaine est, dans l'ordre ascensionnel, la première manifestation de la sagesse, de la connaissance de soi, du recueillement en soi-même. L'entendement angélique accomplit le second processus circulaire, en lui réside le second degré de la sagesse. La pensée divine enfin trace son cercle, qui est le dernier pour l'homme, mais le premier par nature et de toute éternité. La sagesse humaine est triade ou connaissance de trois êtres : l'homme, l'ange et Dieu. La sagesse angélique est dyade, c'est-à-dire connaissance de deux êtres : l'ange et Dieu. La sagesse divine, absolument simple, est monade en laquelle Dieu peut être dit spectateur et connaisseur de lui seul.

En effet, celui qui soutient que l'homme est connu par l'ange et que l'un et l'autre sont connus et regardés par Dieu, inverse l'ordre naturel des connaissances. Les êtres inférieurs et de moindre rang sont en effet les puissances cognitives

naturelles des êtres supérieurs et de premier rang, puisqu'elles
sont destinées à être affectées par les formes des précédentes, à
faire effort jusqu'à elles pour être accueillies en elles. Les
réalités supérieures en revanche sont comme des êtres en acte
pour les yeux qui les regardent d'en bas, leurs lumières, leurs
cibles, leurs feux et leurs objets, au faîte et au sommet desquels
les inférieurs s'élèvent en fonction des forces que leur confère
leur perfection[1].

Et puisque toute connaissance enveloppe le nombre de la
trinité et s'accomplit en cette trinité – elle est composée en
effet de la puissance, de l'objet et de leur acte commun – la
sagesse humaine sera trois fois trine, celle de l'ange deux fois,
celle de Dieu une fois. En effet la triple connaissance est triple
trinité, la double est trinité géminée, la simple unique trinité.

Il en résulte que la masse opaque du corps humain est
la cause pour laquelle la lumière divine ne peut d'en haut
descendre jusqu'à la créature privée de raison qui se trouve en
dessous de l'homme et que la sensibilité animale ne peut d'en
bas rien voir qui soit au-dessous ou au-dessus du corps de
l'homme. Le corps humain empêche la lumière divine d'aller
au-delà de l'homme et la sensibilité animale d'en franchir
l'obstacle. D'un côté, le corps humain est la borne du reflet
divin, le point d'inflexion vers le haut et de retour à son origine
de toute la lumière invisible; de l'autre, elle est le terme et la
limite de la sensibilité privée de raison et son point d'inflexion
vers le bas[2].

---

1. L'anagogie, étant passage de la puissance à l'acte, le progrès dans la
lumière est progrès dans l'être.
2. Le corps humain est certes l'image de Dieu dont il réfléchit la lumière
à la façon d'un miroir, mais, de ce fait même, il est la borne qui empêche la
lumière de descendre plus bas.

| CHAPITRE XLVII   **145r.**

QUE L'ANGE CONNAÎT SANS FORME NI IMAGE
ET L'HOMME AVEC FORME ET IMAGE

De ce que je viens de dire, apparaît clairement la différence entre intelligence ou intellection angélique et humaine : l'intellection angélique est plus simple que l'humaine et son objet plus simple que le sien ; l'ange comprend sans forme, l'homme avec forme et image.

En effet, l'intelligence angélique et son objet, l'un comme l'autre, sont purs, sans mélange, simples comme des monades et des soleils. L'entendement humain en revanche et son objet sont eux aussi, l'un comme l'autre, mêlés et voilés comme les dyades et les lunes, qui, nous l'avons montré[1], naissent de la rencontre naturelle des deux premières monades ou soleils. Lorsque l'entendement angélique se mêle à la forme divine, il donne un analogue de l'entendement humain marqué de la forme divine. Lorsque l'ange est greffé en Dieu et qu'il voile Dieu de son ombre, il achève l'objet de l'entendement humain[2].

---

1. *Supra*, chap. XLIV.

2. L'objet de l'entendement humain n'est pas Dieu même mais « l'ange greffé en Dieu ». L'être en tant qu'être n'est perceptible pour l'homme qu'à travers ses « éons ». Sous l'influence du néo-platonisme, le christianisme oriental verra dans l'ange plus qu'une « iconostase », la face même de Dieu. Il faut noter cependant que cette angélologie trouve un encouragement dans le monophysisme qui, majorant la transcendance au détriment de l'Incarnation, ne voit plus dans l'humanité du Christ la présence totale de Dieu. À suivre la tendance inverse, l'exténuation du divin au profit de l'humain dans la christologie contemporaine évacue, avec les anges, Dieu lui-même. Telle est l'ambivalence de l'angélologie.

L'ange en effet voit Dieu dans sa pureté, sa simplicité, sans mélange, ni forme, ni image, comme la monade et le soleil très brillant, en lequel il ne saisit aucune figure, ombre, nuage ou brouillard.

Puisque celui-ci est le premier à passer en Dieu par la force du savoir et à être accueilli en lui, il s'ensuit que Dieu est, en raison de la greffe angélique et de son union avec l'ange, considéré comme voilé, figuré, recouvert, semblable au miroir que marque la forme ou figure qui s'y imprime ; cette figure est celle de l'ange dans le miroir divin, comme l'impression ou l'inscription de la puissance dans l'objet. Aussi est-ce sous cette figure, image et ombre de l'ange, que le divin miroir se révèle à l'entendement humain qui, en second rang après l'entendement angélique, monte, s'efforce et s'élève jusqu'à Dieu. L'entendement de l'homme en effet, que celui de l'ange a précédé auprès de Dieu, contemple Dieu sous une forme, c'est-à-dire sous la figure de l'ange ; il voit Dieu au travers d'une forme, celle de l'ombre de la face et de l'image de l'ange, à travers laquelle Dieu ne brille à notre entendement pas autrement que le miroir lunaire se montre à nos yeux sous le voile et l'écran d'un visage fardé.

L'entendement angélique appréhende donc et voit Dieu sans forme ni image, comme la monade appréhende et voit la monade, le soleil le soleil, le regard pur le miroir sans tache. L'entendement humain en revanche voit Dieu avec une forme, c'est-à-dire à travers le visage de l'ange, de la même façon que la dyade voit la dyade, la lune la lune, le regard embrumé le miroir entaché, la puissance cachée l'objet caché, à savoir Dieu obnubilé et dissimulé par l'ombre de l'ange. L'entendement angélique est en effet, la forme simple, directe et immédiate de Dieu, entendement au sens propre du terme ; l'entendement humain en revanche n'est que la figure seconde et géminée de Dieu, la reprise de sa divine image, comme sa mémoire [1].

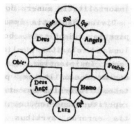

Ceci montre pourquoi le soleil visible, mondain et corporel semble dépasser, paralyser et émousser la pointe écachée de nos yeux mortels et leur regard ébloui et affaibli, tandis que la lune se donne à voir, sans dommage pour nos yeux, de ses feux tempérés et de son éclat adouci. La splendeur du soleil est comme la trace de l'objet d'un œil plus élevé, par exemple l'entendement angélique; la lune en revanche semble exprimer adéquatement ce qui est offert et présenté par la nature à nos entendements. Le soleil est le symbole de la science et de la contemplation angélique tout entière; la lune est celui de la spéculation et de la science humaine. En effet Dieu se montre à l'entendement angélique comme un soleil et comme un miroir sans image; à l'entendement humain par contre il se fait connaître comme la lune ou, si l'on veut, comme un miroir marqué d'un visage, d'une figure, d'une image [2]. Le soleil est en effet un miroir sans image, la lune un miroir hanté, portant une figure inscrite en lui. Et si l'entendement angélique est l'image, la figure et la forme la première, la plus proche et

1. La complémentarité de l'entendement et de la mémoire (chap. X) est l'archétype de celle de l'ange et de l'homme. L'enjeu de ce combat avec l'ange est la conquête par l'homme de son identité qui est d'être l'image de Dieu.

2. Invisible à l'homme, Dieu ne se manifeste que dans ses théophanies; celles-ci sont d'autant plus difficiles à voir qu'elles sont plus proches de lui, d'autant plus aisées à saisir qu'elles s'en éloignent (J. Scot Erigène, *Expositiones in Ierarchiam*, chap. IV, p. 73).

immédiate de Dieu, telle qu'entre elle et Dieu aucune forme ni
créature moyenne ne s'interpose, on se demande qui l'empê-
chera d'appréhender Dieu en lui-même et sans l'intervention
d'une forme. Image, visage et forme seconde et médiate de
Dieu, l'entendement humain appréhende Dieu selon ses capacités propres : forme médiate et seconde, il ne peut saisir Dieu
immédiatement, par lui-même et d'emblée, mais il le
comprend par l'intermédiaire de la forme et de l'image de
l'ange, à travers laquelle et par laquelle il découvre la distance
qui le sépare de son objet propre, Dieu.

145v. | CHAPITRE XLVIII

QUE LE SOLEIL ET LA LUNE SONT LES SYMBOLES
DE TOUTE SAGESSE CRÉÉE

Le soleil est un double symbole, celui de l'entendement
angélique et celui de son objet ; la lune de même est
l'expression visible de l'entendement humain et de l'objet de
celui-ci.

Dans le soleil, la lumière est sans mélange, sans tache, sans
nuage, ni ombre, ni obscurité ; dans la lune, elle apparaît
obombrée et mêlée. Le soleil est un miroir sans image ni
figure ; la lune un miroir taché, marqué de figure visible et
d'image. Le soleil donc et la lune, immenses luminaires du
monde et flambeaux étincelants du globe terrestre, nous pénètrent de toute la sagesse créée, opèrent toute épiphanie divine,
découvrent tout moyen par lequel la créature tant intelligente
que sensible, angélique qu'humaine, passe en Dieu et accède à
sa divinité, à son immortalité et à sa vraie béatitude. L'ange
d'abord, l'homme ensuite passent en Dieu ; l'animal, privé de

raison, jamais n'y parvient. En Dieu, la sagesse est première, substantielle et incréée. Après Dieu l'ange, après l'ange l'homme participent de cette sagesse : tous deux sont riches du trésor de la connaissance de soi et de la science de Dieu. La bête brute, dépourvue de sagesse, est privée du don de la connaissance de soi et de Dieu et de l'immortalité.

La sagesse divine est immuable, elle perdure en elle-même, en son identité, sa bonté, sa vertu, sa beauté, sa lumière et son éclat, mettant à distance et fuyant toute folie, aliénation, malice, dissemblance, inadéquation, mélange, ténébreuse obscurité, faiblesse et défaillance ; en outre elle se trouve au-dessus de tout oubli, trop éclatante pour s'ignorer, pour toujours à l'abri des abîmes de l'erreur et du gouffre sans fond de la fausseté.

Les créatures angélique et humaine sont en vérité des vases de sagesse et des miroirs naturels reflétant la lumière et le visage de Dieu, faits avant tout pour la sagesse qui modèle les âmes, tabernacles secrets de la flamme divine ; cependant parce qu'elles ne sont pas éternelles mais sont passées du non-être à l'être, elles ont pu déchoir et, une fois tombées et séparées de Dieu et privées de sa paix, elles sont devenues enclines au pâtir. Elles en viennent en effet à être sujettes à la déraison, à l'aliénation, à l'inadéquation, à la dissemblance, au mélange, au changement, à la division, à l'ignorance, aux ténèbres, à la chute tête baissée dans l'erreur et à l'effacement dans la mort.

La bête brute, privée de libre arbitre, elle dont les rênes sont aux mains de l'homme, est réputée ne s'être aucunement écartée de son rang et avoir usé de sa force contre sa nature ; elle que Dieu en effet n'a pas faite éducable ou destinée à la sagesse, n'a pu tourner à la folie[1]. Régie par la nature, elle ne se meut que selon les injonctions de celle-ci; elle obéit à l'homme, lui est subordonnée, est gouvernée par lui. Elle ne fait réflexion sur rien; n'ayant point de part à l'immortalité et à la flamme divine, elle n'est censée être ni sage ni folle, ni coupable ni innocente.

CHAPITRE XLIX

DE L'IMMUABILITÉ DE DIEU ET DE LA CHUTE DE L'ANGE
ET DE L'HOMME

Dieu ne peut déchoir de sa divinité, ni se nier lui-même, ni être séparé de soi, ni être en désaccord avec lui-même, non plus que ne pas être Dieu; il est toujours Dieu, intimement lié à lui-même, gardant dans la trinité une volonté unique et une substance une et indivisible. L'ange d'abord s'écarta de Dieu, l'homme ensuite de la paix divine et angélique et ce fut pour eux la séparation d'avec Dieu, la première chute et la cause de leur division mutuelle et intestine.

En effet, de même que tout nombre n'est pas autrement que joint et lié à l'unité, origine des nombres, et qu'il est un par participation à l'unité sans laquelle se dissémine toute la série des nombres et chaque nombre se divise et multiplie, de même, par aucun autre lien que celui de la large diffusion de l'unité divine et par extension à toute créature de cette vertu unifiante, la série tout entière des créatures trouve son unité[2].

1. Ne saurait tomber que l'être appelé à monter plus haut.
2. *De duodecim numeris, de monade*, p. 148v. Ici apparaît le thème traditionnel de la grande chaine des êtres.

Enlevez cette unité divine originelle : au monde, dans les créatures, ne subsiste ni paix, ni unité, ni accord. Celle qui n'est pas unie à Dieu, ne pourra réaliser d'unité ni avec aucune autre ni avec elle-même ; celle qui est scindée et séparée de Dieu ne peut qu'être opposée à toute autre et à elle-même. L'unité divine est la cause de toute unité, la paix et la concorde divines la cause de toute paix et de toute concorde ; tout litige, division, dispute ou discorde a sa cause dans un procès, une dispute ou une discorde avec Dieu. « Grâce à la paix ineffable de Dieu, comme l'atteste le saint Aréopagite, nous apprenons à ne pas lutter davantage contre les anges et contre Dieu, préférant mener à bien avec eux, selon nos forces, des entreprises divines »[1]. Sans la paix divine nous ne nous accordons, ne nous lions et ne nous unissons ni avec nous-mêmes ni avec les anges ni avec Dieu.

De même que cette divine, suressentielle[2], intime et éternelle trinité des trois personnes divines et bienheureuses est nouée sur elle-même par le double lien et forme un tout grâce au double nœud de la substance et de la volonté (les trois personnes divines ont en effet même substance et une volonté concordante et sans divergence), de même il faut que l'ultime trinité des trois êtres immatériels, principaux et immortels,

---

1. *Noms divins*, chap. XI, § 5.

2. Le grec *hyperousios*, utilisé par Proclus et Denys pour désigner Dieu en tant que « non étant au-dessus de l'étant » (*In Platonis rempublicam commentarium*, ed. Kroll, p. 375) est traduit tantôt par *supersubstantialis*, tantôt par *superessentialis* comme chez Jean Scot Erigène : « Dieu donc est dit essence, mais à proprement parler il n'est pas essence. Le non-être en effet s'oppose à l'être. Il est donc *hyperousios* c'est-à-dire suressentiel (*De divisione naturae* I, 459d, trad. Bertin, p. 93). Le *hyper* a valeur de négation dans le langage de la théologie apophatique.

l'âme, l'ange et Dieu – en effet l'âme et l'ange sont d'une certaine manière des dieux et des créatures porteuses de divinité – bien qu'elle soit, quant à la substance, multiple et composite, se fasse harmonieuse et unie au moins par un lien de volonté. Éternelles et intérieures les unes aux autres, les personnes divines sont unies par la substance et par la volonté.

146r. | De cette trinité extérieure en revanche que sont l'homme, l'ange et Dieu, véritablement séparés et trois par la substance, les personnes n'ont d'autre unité que celle de la volonté, de la paix mutuelle et de la concorde. Au-dedans de lui-même, Dieu est trois par les personnes ; par la substance cependant et par la volonté, il est un et accordé à lui-même. Au-dehors, Dieu est trois par la substance comme par les personnes : l'homme, l'ange et Dieu, qui, à condition d'être associées et accordées par le consentement de la volonté, assoient toutes choses sur les meilleures bases.

De même que la monade est le principe de tout, de même elle doit en être la fin, l'assiette et l'accomplissement. Quant au nombre de la dyade [1], en tant que premier à s'écarter de la monade, qu'auteur de tout partage et de toute division, qu'origine de toute défaillance et de toute chute, que chiffre enfin de la matière et proximité du non-être, la plupart des théologiens le vitupèrent, le repoussent et le méprisent au point de le réputer infâme.

Rien au monde n'est certes dépourvu d'unité, rien n'est double, rien n'est divisé contre soi ou ne réalise quelque partition que ce soit, si ce n'est la volonté de l'homme et celle de

---

1. *De duodecim numeris*, de dyade, éd. cit., p. 149.

l'ange quand elles sont tombées pour s'être séparées de Dieu[1]. Ces volontés de fait, attachées à la matière et oublieuses de leur dignité faute d'aimer Dieu, se sont précipitées dans l'issue la plus funeste, la mort, alors qu'elles étaient promises à l'immortalité. Comme dit à peu près la parole divine du psaume : « Bien qu'il fût à l'honneur et tout semblable à Dieu, l'homme ne le comprit pas ; il se mit au rang du bétail stupide et sans raison et lui devint semblable »[2].

CHAPITRE L

LA CHASSE SPIRITUELLE À PARTIR D'UNE ANALOGIE
AVEC L'ŒIL DE CHAIR, LE SOLEIL ET LA LUNE

Nous voulons pour finir nous mettre en chasse[3] de la nature du sage et l'examiner à partir d'une analogie avec nos yeux charnels. Ceux-ci semblent très bien représenter l'entendement de l'homme inachevé et imparfait.

Les deux yeux en effet sont en vérité deux sphères rigoureusement parfaites : pourtant ils ne voient pas totalement ni de toute leur sphère, mais ce n'est que selon la moitié de celle-ci qu'ils voient le monde par la lumière et la couleur. De l'autre moitié, qui les fixe en la tête et qui regarde à l'intérieur de

---

1. À la conception néoplatonicienne de la chute, génératrice de multiplicité, se mêle ici l'idée augustinienne du péché, *regio dissimilitudinis*. Cependant comme le veut Denys (*Hiérarchie ecclésiastique* III, 3, éd. cit., p. 257), les êtres déchus ont leur place dans le cosmos et les plus myopes ne sauraient échapper au rayonnement de la lumière divine.

2. *Psaume*, 49, 13.

3. Bovelles reprend ici le titre de l'ouvrage de N. de Cues, *De venatione sapientiae*, déjà évoqué au chap. XXII.

l'homme, ils sont naturellement aveugles et ne sont point faits pour recevoir les rayons lumineux[1] ni pour être frappés par les espèces des couleurs. Nos yeux de chair ne sont donc par nature pas moins aveugles qu'illuminés et réceptifs à la lumière. Ils vivent autant dans les ténèbres que dans la lumière. Ils sont aveugles autant que voyants. Des demi-sphères extérieures seulement, ils voient et reçoivent lumière et figures visibles; des demi-sphères internes en revanche, qui les rattachent à la tête de l'homme, ils n'ont aucunement la faculté de voir, mais sont aveugles et plongés dans les ténèbres.

De grâce, dites-le moi, que montrent des signes aussi clairs que la prise en charge par la nature d'un homme qu'elle laisse pourtant inachevé et imparfait, lui à qui elle a donné la substance sans lui conférer la sagesse, lui encore à qui elle a accordé la faculté de regarder et de connaître exhaustivement, par connaissance sensible, le monde et toute chose externe, mais pas dès le commencement celle d'examiner et de sonder par connaissance interne ce qu'il porte en son cœur? La nature en effet n'a, dès le commencement, ouvert que l'œil externe et mondain de l'homme, tandis qu'elle fermait, voilait et laissait aveugle son œil intérieur.

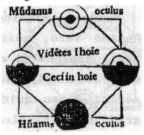

Imagine en effet que les deux moitiés translucides et douées de la vue, jointes ensemble, donnent naissance à un œil qui verrait de partout; nous appelons cet œil œil mondain. Comprends qu'une opération analogue réaliserait à partir des

---

1. Le texte latin dit *spicula*, d'où aussitôt après, le mot *species*.

deux moitiés internes aveugles un globe oculaire totalement aveugle ; nous appelons cet œil, disposé symétriquement par rapport au précédent, œil humain.

La nature assiste donc l'homme en donnant d'emblée clairvoyance à son œil tourné vers le devant, le dehors et le monde et en mettant en la présence de celui-ci et à sa portée la totalité du monde. Mais dans le mesure où elle a laissé aveugle le regard de l'homme tourné vers le dedans, elle a négligé celui-ci et l'a voulu pauvre, de telle sorte qu'il incombe à ses propres moyens et à ses efforts de transmettre au second œil la lumière mendiée auprès du premier et d'y voir ainsi par les deux yeux. Toutes les capacités et activités de l'homme tournent autour de ce fait : la lumière est transmise du premier œil, naturellement voyant, au second ; l'homme, à qui le monde est initialement offert en sa lumière, fait ensuite retour du monde sur lui-même ; de la lumière et de la science première du monde, il apprend à tirer lumière intérieure et connaissance de soi.

La lumière du monde n'est pas en effet la sagesse, elle en est le commencement. La science de ce qui est primordial, supérieur, fait pour soi, à savoir l'homme pour qui le monde a été créé, voilà ce qui est appelé sagesse.

Est sage en effet non pas celui qui se contente de porter un regard extérieur sur le monde pour en être le spectateur, mais celui qui possède, lucides parce qu'en acte, l'un et l'autre œil, qui peut se voir lui-même aussi bien que le monde, à qui sont connues, accessibles et manifestes, comme à un Janus à double visage, les réalités du dedans aussi bien que celles du dehors.

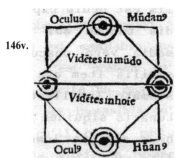

Le sage explore le monde de son œil mondain et sonde tout | ce qu'il a sous la peau de son œil humain. Il porte les clefs[1] du monde et de lui-même, ouvrant au moyen de l'une le monde, au moyen de l'autre lui-même. Il se tient à égale distance de lui-même et du monde, abordant le monde grâce au sentiment, comme nous l'avons déjà dit[2], faisant écho au monde et se saisissant lui-même grâce à son entendement. Le sentiment est en effet tout à fait semblable à l'œil mondain tandis que l'entendement imite l'œil humain. En effet la connaissance sensible parvient en l'homme à maturité avant la connaissance intelligible et l'homme est présent au monde par les sens avant de faire retour sur soi et d'être présent à soi par son entendement. En outre, porté au monde par les sens, l'entendement d'abord pratique se livre aux affaires avant que, séparé des sens et n'ayant plus besoin de leur aide, il puisse faire de l'homme l'objet de sa contemplation.

De même que notre œil visible, aussi longtemps qu'il sera fixé à notre tête, ne verra que de la moitié de son globe, l'autre moitié restant aveugle, de même, aussi longtemps qu'il est porté par les sens et qu'ayant besoin de leur aide, il est voué à pratiquer affaires et négoces à travers le monde, l'entendement humain sera lucide par moitié et aveugle de son autre moitié et

---

1. « Universi clavis in sapientis manu collocata » (*Opusculum omnibus qui ad metaphysicam spectant*, Paris, G. Marchant pour J. Petit, 1504).

2. *Supra*, chap. XXXI.

ne verra que ce qui est au monde, non ce qui est dans l'homme. Comprends donc que l'œil charnel se libère de son insertion naturelle dans la tête, se détache du sujet et se rend libre comme s'il se soutenait lui-même dans l'atmosphère. Cet œil est certainement une claire image de l'entendement contemplatif et achevé. Celui-ci voit en effet toutes choses, lui qui peut regarder non seulement par la moitié mais aussi par la totalité de son globe les réalités externes et internes, qui se passe désormais de la dépendance des sens et qui comprend spontanément et de lui-même toutes choses en se portant et en se soutenant lui-même.

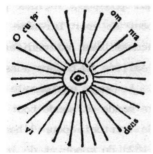

Les images, que nous avons données, du sage et de l'insensé peuvent être trouvées clairement dans le soleil et dans la lune. La lune en effet est semblable à l'œil fixé en la tête, qui ne voit qu'avec la moitié de son globe, tandis qu'il est obscur et aveugle de l'autre moitié; elle est semblable aussi à l'entendement pratique et inachevé, qui n'est présent qu'au monde, non à l'homme. Le globe lunaire en vérité ne reçoit la clarté de Phébus jamais qu'en sa moitié; il est impossible qu'il soit jamais illuminé en totalité, bien qu'il puisse parfois être privé de clarté en tout son orbe. Le soleil en revanche représente l'œil libre et l'entendement contemplatif; continuellement il brille de tout son orbe et jamais n'est privé de sa lumière originelle [1].

1. On attendrait ici *lux* et non pas *lumen*.

Et voici, autant que je le soupçonne, la raison pour laquelle, le soleil est la seule de toutes les planètes, ainsi que le prétendent les astronomes, à être exempte d'épicycle, c'est-à-dire d'une orbite plus petite que celle qui porte le globe en son propre ciel. Le soleil est en effet plus libre que toute planète, très semblable à l'œil libre, détaché de la tête, et à l'entendement contemplatif. De même que le globe du soleil n'est pas affranchi de toute orbite, mais seulement de la petite orbite, l'épicycle, et qu'il est en revanche continuellement lié à sa grande orbite, comme à son ciel, sur laquelle il se déplace autour de la terre en tant que principal œil du monde, de même il est prouvé que notre entendement contemplatif n'est pas délié ni affranchi du tout.

Un tel privilège n'appartient en effet qu'aux seuls entendements angéliques, à bon escient comparés aux planètes et étoiles, absolument libres, qui se déplacent sans aucune orbite grande ou petite, sans ciel ni épicycle. Notre entendement en revanche, après être devenu contemplatif, est dit libre et détaché au point d'être affranchi d'épicycle, mais non de ciel, de sorte qu'il est toujours emporté sur la grande orbite, le corps, non pas sur la petite, c'est-à-dire sur les organes des sens eux-mêmes.

Pose que l'entendement pratique est semblable à la lune, puisque celle-ci tourne sur son ciel et sur son épicycle. L'entendement pratique tourne donc et se meut sur son ciel et sur son épicycle, son ciel, c'est-à-dire le corps humain, qui est la plus grande des orbites humaines, son épicycle c'est-à-dire un organe sensoriel, l'œil par exemple. Le globe oculaire est en effet la petite orbite, qui compose avec à la grande orbite pour tracer la trajectoire géocentrique de l'entendement pratique à travers le monde

Si donc tu désires faire sortir l'entendement contemplatif du pratique et le produire à partir de lui, il faut que tu enlèves au même entendement non l'une et l'autre orbite, mais seulement la petite, c'est-à-dire l'épicycle ou si tu veux le globe oculaire : séparé de celui-ci, l'entendement reste porté par le corps et demeure toujours en lui ; mais à la manière du soleil sur sa grande orbite, sans être astreint à la petite, il s'avance et se meut plus libre[1]. En effet de même que le soleil comme la lune se déplacent tous deux sur une grande orbite et dans leur propre ciel, et que la lune pourtant demande en plus le secours de la petite orbite ou épicycle, de même l'entendement humain, tant spéculatif que pratique, se meut sur la grande orbite de l'homme, c'est-à-dire sur son corps, tandis que le pratique seul a en outre besoin du secours de la petite orbite, c'est-à-dire de l'œil de chair.

| L'entendement qui n'a pas plus besoin de la grande que de **147r.** la petite orbite, vu qu'il vit par lui-même libre de tout, se situe au-dessus de celui de l'homme ; nous avons dit plus haut[2] qu'il s'agissait de l'entendement angélique, comparable au soleil, aux planètes et aux étoiles qui ne sont astreints à aucune orbite. Celui qui développera plus avant la suite de cette analogie, comprendra facilement le mystère de la résurrection future[3]. En effet de même que la nature du globe solaire est d'être affranchi non pas de toute orbite, mais seulement de la petite,

1. Il ne saurait être question pour l'entendement humain de s'affranchir du corps, il doit devenir par lui-même spéculatif sans plus recevoir son information de la sensibilité.

2. *Supra*, chap. XLVII.

3. Que l'entendement puisse être lié au corps sans être tributaire des sens est pour le corps lui-même un gage d'immortalité. Ce corps, qui limite sans asservir est promis à la gloire.

c'est-à-dire de l'épicycle, et de toujours rouler et tourner sur la grande orbite, c'est-à-dire sur son propre ciel, de même la nature de notre entendement, allant du pratique au contemplatif, est de se passer du secours de la petite orbite seulement, c'est-à-dire de l'œil, sans être affranchie de la grande, c'est-à-dire du corps.

En effet l'entendement spéculatif ne s'élève pas assez haut dans la perfection angélique, pour pouvoir changer radicalement de nature et devenir semblable à l'entendement angélique, étant exempt de corps ; mais à celui qui a pris consistance dans un corps et reçu son être de la matière, la nature interdit d'exercer son activité en dehors du corps et de subsister par lui-même : il souhaite ardemment s'unir derechef à son corps et se trouver en lui, tout comme Phébus est continuellement attaché à son ciel par nature et de volonté.

Chapitre LI

Exhortation à qui veut être un sage

Homme, toi qui homme par nature n'es pourtant pas homme à part entière, n'ayant reçu de cette nature qu'un être besogneux, privé de vertu et de sagesse, toi qui es originairement ignorant de toi-même, incapable de te maîtriser, divisé contre toi-même, fais de bon gré l'apprentissage de la sagesse et tâche selon tes forces de te connaître. Dissipe les ténèbres où tu te trouves : l'inconnaissance de soi est viatique pour la mort, la connaissance de soi est la vie éternelle. En effet le très célèbre oracle d'Apollon Delphien, qui est sur toutes les lèvres, a fait savoir que cette bienheureuse lumière intérieure constituait la plus haute sagesse.

Ne dégénère, ô homme, ni en pierre, ni en plante, ni en bête brute. Tu es homme : demeure en l'homme. Que l'être te soutienne ; que la vie t'alimente ; que la sensibilité soit la servante de ton savoir ; que la raison te dirige. Conforme-toi à la raison, dans la raison demeure. Tiens bon, ferme en ton assiette, prenant appui sur ce qui est. Mange ce qui vit. Domestique ce qui est animé. Sois maître de toi-même.

Par ta sensibilité, tu es porté vers le monde pour y errer. Par ta raison, tu te recueilles en toi-même. À l'aide de celle-ci, sonde sans cesse le ciel, pense toujours aux choses d'en haut, habite en pensée les demeures célestes. Introduit en ce Sinaï spirituel à la contemplation du divin législateur, ne regarde pas en arrière, de peur que les séductions de la chair ne te suggèrent de faire retour aux prisons d'Égypte, au vallon de l'antique servitude, à l'ombre noire de la mort, à la chute dans la nuit éternelle et aux marais du Styx.

Attache-toi à Dieu, unis-toi à lui, sois en communion avec lui : la sagesse qui exorcise et dissipe tous les maux te rendra aimable à lui. En effet, comme le répètent ces paroles de Salomon, « Dieu n'aime que celui qui vit avec la sagesse »[1]. « Aime et recherche la de tout ton cœur. Appelle-la ton amie et ta fiancée. Chéris-la plus que la beauté et l'apparence. Mets tes pieds dans ses entraves et ton cou dans son collier. Son commerce n'a rien d'amer, son intimité n'engendre aucune lassitude. Son joug est suave et son fardeau léger. Elle est plus précieuse que l'or, l'argent, les pierres précieuses, plus précieuse que tout ce qui est désirable. Elle est beaucoup plus éclatante que le soleil et les constellations ; comparée à la lumière, elle passe avant ; si la nuit succède à la lumière, la

---

1. *Sagesse*, 7, 28.

méchanceté ne l'emporte pas sur la sagesse »[1]. Tels sont les saints témoignages de celui qui, ayant acquis la sagesse non pas des hommes mais du don de Dieu et de son esprit, a proclamé d'une voix sincère et véridique qu'elle était aimable et désirable plus que tout, préférable aux royaumes et à toutes les richesses.

Homme selon la nature, avons-nous dit[2], tu es doué d'un œil, capable de voir le monde, mais incapable de te voir. Tu portes depuis le commencement ton regard vers le monde : illuminé par l'étincelant flambeau de la sagesse, apprends à regarder en toi-même. Tes deux yeux, de l'extérieur et du côté où ils sont unis au monde, sont diaphanes et capables de recevoir la lumière ; du côté en revanche où ils sont en toi et te fouillent du regard, recouverts et obnubilés, ils sont privés de la vue. Aussi dois-tu au-dedans ôter de tes yeux la taie qui les recouvre et les laver, afin qu'ils deviennent toute lumière et voyants en tout sens. Que le rayon de la sagesse pénètre le château de ton cœur aveugle depuis toujours, afin que tu apprennes à voir en toi par sagesse et vertu, comme tu vois en direction du monde par nature. La lumière du soleil visible et mondain t'environne et sa gloire atteint et frappe de toutes parts la périphérie de ton corps. Accueille-la en profondeur, fais-la pénétrer dans tes celliers afin que pour toi elle découvre et pénètre de son éclat ce qui est caché en toi ; ou du moins fais jaillir de son apparence visible une autre lumière invisible et meilleure qui ne chasse pas moins erreurs et ténèbres des demeures de l'esprit que le soleil levant ne contraint l'ombre de la nuit à se retirer du monde.

1. *Ecclésiastique*, 6, 24.
2. *Supra*, chap. L.

| À toi de faire sortir de la lune le soleil, de la partie le tout, 147v. des sens l'intelligence, du visible l'invisible, du charnel le spirituel, de l'extériorité l'intériorité, du monde ton âme. Tu es la fin du monde et la connaissance de toi-même est la fin de la science mondaine. Tu l'emportes sur le monde ; fais plus de cas de te connaître que de connaître le monde. C'est pour toi que le monde a été fait : méprise le monde, pour être en commerce plus fréquent avec toi, jouir davantage de toi et davantage demeurer en toi.

Garde-toi de considérer comme tien ce que tu ne peux renfermer ni cacher en ton âme ; ce qui se trouve en effet dans le monde ou dans le corps, peut d'un instant à l'autre t'être ôté et passer sous l'empire d'un autre. Ce qui en revanche se trouve en ton entendement n'est véritablement qu'à toi, n'est au pouvoir que de celui qui est le Seigneur des esprits, pour faire retour avec son esprit à celui qui le créa et qui, en Dieu fidèle, « paie à chacun son salaire en proportion de son travail »[1]. C'est lui qui a promis « qu'aucun cheveu ne tombera de notre tête »[2] et qui « rendra vie à nos corps et les ressuscitera »[3], après les avoir à nouveau unis à nos âmes d'un lien d'amitié qu'aucune mort ne pourra plus délier. Et comme il aura rétabli le corps, demeure de l'âme, de même c'est un article de foi qu'il rétablira le monde visible, demeure du composé humain.

« La crainte sainte et heureuse du Seigneur est le commencement de la sagesse »[4], le révérer donne l'immortalité et la

1. *Apocalypse*, 22, 12.
2. *Luc*, 21, 18.
3. *Romains*, 8, 11.
4. *Ecclésiastique*, 1, 16.

béatitude; lui obéir permet de régner pour toujours. Il répand à profusion la sagesse qui, selon l'enseignement de l'Écriture, a été créée à l'origine des temps et doit subsister jusqu'au dernier jour, elle qui ne saurait pénétrer une âme méchante ni faire sa demeure d'un corps esclave du péché[1], elle qui ne se révèle d'ordinaire ni à ceux qui doutent ni à ceux qui manquent de foi. D'en haut elle se répand véritablement dans les âmes de ceux qui, selon le mot de saint Jacques, d'un cœur simple la demandent continuellement au Seigneur. Il dit en effet : «Si l'un de vous manque de sagesse, qu'il la demande à Dieu – il donne à tous généreusement et sans récriminer – et elle lui sera donnée»[2].

Homme, ne prête pas foi aux fables de certains anciens qui soutenaient la thèse impie selon laquelle Dieu envierait aux mortels le don admirable de la sagesse. À ceux qui penseraient ainsi, j'opposerai ces mots de l'Écriture : «Il fait lever son soleil sur les bons et sur les méchants et entend donner aux justes et aux injustes»[3]. Si le père de la terre entend donner du pain à ses enfants affamés, le père du ciel, qui est souverainement bon, donnera d'autant plus à ceux qui le lui demandent. «Demandez et vous recevrez; frappez et l'on vous ouvrira[4]. Vous tous qui avez soif, venez vers l'eau; même si vous n'avez pas d'argent, hâtez-vous, prenez et mangez; venez et prenez le vin et le lait, sans avoir à payer ni en argent ni en nature»[5].

Blâmant ceux qui demandent la sagesse non pas à Dieu mais aux hommes, l'Écriture dit encore : «Pourquoi dépenser

1. *Sagesse*, 1, 4.
2. *Jacques*, 1, 5.
3. *Matthieu*, 7, 7.
4. *Ibid.*
5. *Isaïe*, 55, 2.

votre argent pour autre chose que du pain, votre salaire pour ce qui ne rassasie pas ? Écoutez-moi et vous mangerez de bonnes choses et délecterez votre âme de mets succulents ».

La science humaine nous laisse en effet complètement à jeun et assoiffés. La science divine est cette nourriture qui, selon le mot de Bigi, « rassasie nos cœurs d'un aliment vivant »[1].

Prête l'oreille encore à Salomon, toi qui ose soupçonner Dieu d'envier la sagesse aux mortels : « La sagesse n'appelle-t-elle pas ? La prudence n'élève-t-elle pas la voix ? ». Au sommet des collines, sur la route, au croisement des chemins, elle se poste ; près des portes de la cité, sur les voies d'accès, elle s'écrie : « Fils, c'est vous que j'appelle sans cesse, je crie vers les enfants des hommes. Nigauds, apprenez la ruse et vous, insensés, devenez raisonnables. Écoutez mon enseignement et soyez assez sages pour ne pas vouloir le rejeter[2]. Heureux l'homme qui m'écoute et qui veille, chaque jour, à mes portes pour en garder les entrées. Qui me trouve, trouve la vie et obtiendra la grâce du Seigneur, mais qui m'offense blesse son âme et qui me hait chérit la mort »[3]. Qu'attestent d'autre ces saintes paroles sinon que ce n'est pas malgré elle mais d'elle-même que la sagesse vient du ciel en ce monde, qu'elle en pénètre jusqu'aux bas-fonds, qu'elle frappe chaque cœur et qu'elle plonge son regard sur tous les dormants, pour se révéler principalement à ceux qui placent en Dieu leur espérance ?

---

1. *Opera christiana*, l. II, vers 18.
2. *Proverbes*, 8, 1.
3. *Ibid.*, 8, 33.

Ceux enfin qui n'ont pas honte de croire que la jalousie divine prive les hommes de la sagesse, nous les exhortons par ce dixain de notre plume, afin qu'ils pensent autrement :

> Si, d'un geste d'en haut, nous voulons quelque chose,
> Gratuitement le don, quelqu'il soit, écherra.
> L'espoir du métal fauve ici est sans profit,
> Car Dieu de sa bonté seule nous rassasie.
> S'il est bon, la nature donne tout à quiconque ;
> Voulant être connue, à tous elle se révèle.
> Pieux, du toit du ciel, nous laissons donc entrer
> En nos demeures la gloire d'une telle lumière ;
> | De soi cette lumière inonde les âmes saintes :
> Aux hommes elle donnera ce qui les peut aider.

148r.

Comment convenir que Dieu envie leur sagesse à des hommes, dont il est tout à fait improbable qu'il ait pu jalouser la substance première ? Si, comme l'atteste saint Denys[1], « aucun de ses attributs plus que sa bonté n'a au commencement incité Dieu à établir et à créer toutes choses », de façon à ce que, lui qui était seul de toute éternité, concédât l'être aux autres, il faut assurément penser que la même bonté, qui fut à l'origine du don de l'être aux hommes à partir de la substance divine, valût et obtînt à ces mêmes hommes la bienveillante attribution de l'éclat de la sagesse.

C'est par cette même bonté qu'au commencement Dieu conféra irrévocablement aux hommes leur être premier et naturel et qu'il établit par la suite leur être second et intellectuel. Celui qui a donné l'être à l'homme ne peut lui avoir refusé la sagesse. Celui qui a produit l'homme naturel, l'a voulu ensuite magnifier, parfaire et achever en homme de culture.

---

1. *Hiérarchie céleste*, IV, 1, éd. cit., p. 93.

L'homme de culture est en effet la lumière et l'éclat de l'homme de nature : par lui la pensée, qui au commencement vit dans les ténèbres, naît à la lumière, à la clarté et à la science universelle. « Élève donc, homme, comme nous en convainc saint Denys[1], en les tournant vers le haut les cœurs ouverts à la connaissance et capables de voir. Reconnais le père des lumières, chez qui naît et prend sa source tout rayonnement ». Et ne troque jamais, contre ce qui n'est pas, l'être véritable : de celui-ci la connaissance savoureuse et parfumée est la sagesse authentique parfaite et achevée.

PORTE-TOI BIEN.

1. *Ibid.*, I, 2, p. 71.

| LE LIVRE DU SAGE A ÉTÉ ACHEVÉ **318**
Le 13 novembre 1509. Que soit
louée sans fin la sagesse
divine, incréé et sans
tache, principe de la
sagesse angélique
et humaine

Édité chez le très respectable en Jésus-Christ
François de Hallewin, évêque d'Amiens

Que l'homme de savoir, que l'esprit fort du vrai
Qui peut contempler Dieu et lui-même, est grand,
Que peut être immortel et ne jamais périr
En aucun jour qui soit, l'esprit qui se connaît,
Qu'aveugle l'insensé se jette au noir trépas,
Fol esprit recherchant le ténébreux chaos,
Ce livre remémore tout cela en ton cœur.
Qui désire se connaître fasse le tour de ses dons !

*
* *

BIBLIOGRAPHIE

Textes de référence

L'édition originale du *Liber de Sapiente* est un fort volume publié à Paris en 1511 chez Henri Estienne dont le contenu est le suivant : *Liber de intellectu, Liber de sensu, Liber de nihilo, Ars oppositorum, Liber de generatione, Liber de sapiente, Liber de duodecim numeris, Epistolae complures. Insuper mathematicum opus quadripartitum : De numeris perfectis, De mathématicis rosis, De geometricis corporibus, De geometricis supplementis.*

Le *Liber de Sapiente* a donné lieu à une édition critique de Raymond Klibansky, annexée à l'ouvrage d'Ernst Cassirer, *individuum und Kosmos in der Philosophie der Renaissance*, Studien der Bibliothek Warbourg, X, Berlin, 1927.

La maison Friedrich Fromann Verlag (Günther Holzoog) a donné à Stuttgart, Bad-Cannstatt, en 1970 un très beau fac-similé du recueil publié en 1511 à Paris par H. Estienne.

Édition

Le livre du sage, texte et trad. Pierre Magnard, précédé d'un essai « L'homme délivré de son ombre », Paris, Vrin, 1982.

Traductions

Il sapiente, trad. Eugenio Garin, Torino, Einaudi, 1943.

Le sage, trad. Pierre Quillet, en annexe à Ernst Cassirer, *Individu et cosmos dans la philosophie de la renaissance*, Paris, Minuit, 1983.

La différence des langues vulgaires et la variété de la langue française, texte et trad. Colette Dumont-Demaiziere, Amiens, 1972.

Le livre du néant, texte et trad., Pierre Magnard, précédé d'un essai « L'étoile matutine », Paris, Vrin, 1983.

L'Art des opposés, texte et trad. Pierre Magnard, précédé d'un essai « Soleil noir », Paris, Vrin, 1984.

Études sur Bovelles

BRAUSE K.H., *Die geschichtphilosophie des Carolus Bovillus*, Leipzig, Borna, 1916.

DIPPEL J., *Versuch einer systematischen Darstellung der Philosophie des Carolus Bovillus*, Wurzbourg, 1865.

FAYE E., « La dignité de l'homme selon Ch. De Bovelles », dans *La dignité de l'homme*, P. Magnard (dir.), Paris, Champion, 1995.

– « Vis intellectualis et perfection de l'homme selon Bovelles, réflexions autour d'un inédit », dans *Métaphysique de l'esprit*, P. Magnard (dir.), Paris, Vrin, 1997.

– *Philosophie et perfection de l'homme*, Paris, Vrin, 1998.

GROETHUYSEN B., « Die Kosmische Anthropologie des Bovillus », *Archiv für Geschichte des Philosophie*, XL, 1931, p. 66-89.

– *Mythes et Portraits*, Paris, NRF, 1947.

– *Anthropologie philosophique*, Paris, NRF, 1952.

HENRI DE LUBAC (R.P.), « Le sage selon Charles de Bovelles », dans *Mélanges offerts à M.D. Chenu*, Paris, Vrin, 1967.

Joseph M. Victor, Charles de Bovelles, 1479-1553, an intellectual biography, Genève, Droz, 1978.

JOUKOVSKY F., *Le regard intérieur, thèmes plotiniens chez quelques écrivains de la Renaissance française*, Paris, Nizet, 1982.

MICHEL P.H., « Un humaniste picard : Charles de Bovelles », *Revue des Études italiennes*, I, 1936, p. 176-187.

MAGNARD P., « Prédicables et prédicaments chez Ch. De Bovelles », *Recherches sur le 17ᵉ siècle*, VIII, 1986, p. 47-62.

– « La diffusione europea della cultura umanistica nei primi decenni del XVI secolo », dans *La filosofie del Rinascimento*, C. Vasoli (dir.), Milano, Mondadori, 2002.

– « Charles de Bovelles et la vie de l'esprit », dans *Vie active, vie contemplative au Moyen Âge et au seuil de la Renaissance*, Ch. Trottmann (dir.), Rome, École Française de Rome, 2009.

MARGOLIN J.-C. (éd.), *Charles de Bovelles en son cinquième centenaire (1479-1979)*, Paris, Éditions La Maisnie-Tredaniel, 1982.

– « La fonction de modèle dans la pensée créatrice de Ch. De Bovelles », dans *Le modèle à la Renaissance*, Paris, Vrin, 1986, p. 52-75.

– *Lettres et poèmes de Charles de Bovelles*, édition critique, introduction et commentaire, Paris, Champion, 2002.

TROTTMANN Ch., « Aliquid ex nihilo, De l'un à l'être, selon Charles de Bovelles », dans *Le problème des transcendantaux du XIV au XVIIᵉ siècle*, G. Vescovini (dir.), Paris, Vrin, 2002, p. 121-138.

– « De constantia verisque bonis sapientis, sur la contemplation dans le *Livre du Sage* de Bovelles, une certitude sans moi ni soi », dans *Généalogies du sujet*, O. Boulnois (dir.), Paris, Vrin, 2007.

– « Horizontalité et verticalité des objets de connaissance dans le *Livre du Sage* de Charles de Bovelles », dans *Ogetto e spazio, fenomenologia dell'ogetto, forma e causa dei secoli XIII-XIV, ai post-cartesiani*, G. Vescovini e O. Rignani (dir.), Firenze, Sismel-Micrologus Library, 2008.

TABLE DES MATIÈRES

CHARLES DE BOVELLES

LE LIVRE DU SAGE

Imprimerie de la Manutention à Mayenne – Février 2010 – N°49-10
Dépôt légal : 1ᵉʳ trimestre 2010

Imprimé en France